2020 中国金融标准化报告

China Financial Standardization Report

中国人民银行

中国金融出版社

责任编辑：肖　炜　董梦雅
责任校对：孙　蕊
责任印制：程　颖

图书在版编目（CIP）数据

中国金融标准化报告．2020／中国人民银行编．—北京：中国金融出版社，2021
ISBN 978-7-5220-1309-1

Ⅰ．①中…　Ⅱ．①中…　Ⅲ．①金融—标准化—研究报告—中国—2020　Ⅳ．①F832-65

中国版本图书馆 CIP 数据核字（2021）第 181973 号

中国金融标准化报告．2020
ZHONGGUO JINRONG BIAOZHUNHUA BAOGAO. 2020

出版
发行　中国金融出版社

社址　北京市丰台区益泽路 2 号
市场开发部　(010)66024766，63805472，63439533（传真）
网 上 书 店　www. cfph. cn
　　　　　　(010)66024766，63372837（传真）
读者服务部　(010)66070833，62568380
邮编　100071
经销　新华书店
印刷　北京侨友印刷有限公司
装订　保利达印务限公司
尺寸　210 毫米×285 毫米
印张　7. 5
字数　117 千
版次　2021 年 11 月第 1 版
印次　2021 年 11 月第 1 次印刷
定价　85. 00 元
ISBN 978-7-5220-1309-1

《中国金融标准化报告（2020）》

编委会

执　　笔：（以姓氏笔画为序）

第一章：才　英　马小琼　王思源　王湃涵　刘江涛
刘　运　刘　彬　李佳凝　赵梦洁　贺　宇
栾　欣　高红洁　高强裔　陶丽雯　谢彦丽
薄舜添

第二章：王湃涵　冯　蕾　冯　霞　沈薇薇　张嘉威
周培浩　赵芳旭　赵　越　郝　星　贺　宇
韩　博　谢彦丽　樊娅奇

第三章：王　涛　冯　蕾　刘　彬　李　宽　张宏基
茅　廷　林　春　赵新宇　胡冰冰　贾　铮
夏　磊　程　胜

第四章：付晓东　兰　翔　许　婷　李　斌　杨　明
张　莹　张雪飞　陈开锋　柯登科　侯玉华
唐红代　黄　睿　路艳玲　谭　旺

第五章：冯　蕾　曲维民　刘子群　李佳凝　谢彦丽

目　录

第一章　2020 年金融标准化发展综述

第二章　金融标准国际化

第三章　金融国际标准、国家标准和行业标准应用

第四章 金融团体标准和企业标准应用

第五章 2021 年金融标准化工作展望

附 录

第一章
2020年金融标准化发展综述

- 2020年金融标准化工作概述
- 金融标准化管理
- 金融标准体系建设
- 金融标准制修订
- 金融标准化实践
- 金融标准化培训
- 金融标准检测认证
- 金融标准实施评估
- 金融标准创新建设试点

第一节　2020 年金融标准化工作概述

2020 年，在中国人民银行（以下简称人民银行）领导下，在国家标准化管理委员会（以下简称国家标准委）指导下，全国金融标准化技术委员会（以下简称金标委）坚持以习近平新时代中国特色社会主义思想为指导，深入贯彻党的十九大和十九届二中、三中、四中、五中全会精神，积极落实党中央、国务院关于经济金融工作决策部署，坚持“以人民为中心”发展思想，立足新发展阶段，贯彻新发展理念，服务构建新发展格局，优化金融标准供给结构，强化金融标准应用实施，推动金融标准双向开放，为金融业高质量发展作出积极贡献。

一、金融标准供给结构持续优化

2020 年，共发布 4 项金融国家标准，41 项金融行业标准。**国家标准夯实基础。**金融工具分类、保险术语等国家标准有效服务金融管理需要。在涉及国家金融安全和人民财产安全的领域，推动制定《人民币现金机具鉴别能力技术规范》《银行卡受理终端基本安全要求》2 项金融强制性国家标准。**行业标准引领发展。**金融行业标准从技术标准单一供给，成功转型为“技术标准+业务标准”联合供给，适应新时代金融发展需要的新型标准体系逐步健全。

团体标准蓬勃兴起。2020 年，全国团体标准信息平台新增金融团体标准 24 项，全国性和地方性金融社会团体积极申报金融团体标准制定资质。**企业标准开拓创新。**人民银行会同银保监会、证监会，选取商业银行服务、计算机及货币专用设备、金融信息服务、保险服务 4 个领域开展 2020 年金融领域企业标准“领跑者”活动，公开有效标准 2903 项，参与企业达 2676 家，形成标准排行榜和“领跑者”名单，市场主体创新活力和竞争力明显提升，标准对于金融产品和服务的引领作用进一步增强。

二、“金融标准　为民利企”发展理念持续增强

2020 年，新冠肺炎疫情发生以来，金融标准积极支持疫情防控和企业复工复产。网

上银行系统、金融分布式账本、云计算技术金融应用等金融标准有效满足了特殊时期金融机构的线上服务需要。建设银行、工商银行、中国银行等银行营业网点服务企业标准“领跑者”机构带头作为，迅速制定疫情期间业务办理指南、网点疫情防控等企业标准，高效安全地满足了人民群众的金融服务需求。

组织开展“金融标准　为民利企”主题活动，突出金融标准在支持疫情防控和复工复产、全面建成小康社会、质量强国建设、金融机构高质量发展、金融业数字化转型、金融业双向开放等方面的作用，深入挖掘金融标准化工作价值。活动期间累计开展各类宣传20余万次，在中央媒体和主流财经媒体发布报道70余篇。

三、金融标准应用实施成效明显

标准支撑金融风险防控的作用明显增强。移动金融客户端、个人金融信息保护、金融数据安全分级、金融科技创新等标准为移动金融App风险整改、新技术金融应用风险专项摸排提供了技术依据，有利于营造健康有序和包容审慎的金融科技创新环境。标准辅助金融治理的价值逐步激发。银行、支付机构按照要求披露金融产品和服务所执行的标准，支持社会各界依据标准开展质量共治，切实保护金融消费者权益。标准实施保障机制不断完善。金融科技产品被纳入国家统一推行的认证体系，“标准+检测认证”实施模式进一步夯实，国家级金融科技测评认证中心顺利筹建，金融科技产业链整体竞争力显著提升。

组织开展2020年金融标准实施评估，面向177家金融机构开展国家标准、行业标准等政府主导制定标准的实施情况评估以及企业标准制定情况调研。联合银保监会、证监会及国家标准委相关部门完成重庆市、浙江省金融标准创新建设试点终期验收，两地的试点在重要机构建设、重点机制建立、标准化水平总体提升、关键领域标准化突出发展等方面取得实效。

四、金融标准双向开放进一步扩大

国际标准“引进来”步伐加快。金融业通用报文方案、唯一交易识别码（UTI）等20余项金融国际标准转化有序推进。在数字化法人身份识别、交易报告库数据标准化、金融业通用报文库建设等工作中，推动金融机构和金融基础设施积极采用先进国际标准，促进中外金融标准体系兼容，进一步支持我国金融市场与国际接轨。全球法人识别编码（LEI）实施成效显著，人民银行联合银保监会、证监会、外汇管理局发布《全球法人识别编码应用实施路线图（2020—2022 年）》及多项应用规则，完成本地系统运营主体变更，我国企业持码量大幅提升，更好地满足了跨境贸易和交易需求。

金融标准“走出去”取得多项突破。2020 年 9 月，首个由我国专家召集制定的 ISO 金融国际标准《金融服务参考数据　银行产品服务描述规范（BPoS）》正式发布。移动支付、区块链、绿色金融等我国专家牵头编制的多项国际标准积极推进。我国金融标准外文版研制快速推进，银行营业网点服务国家标准向英语、老挝语、缅甸语外文版转化。人民银行分支机构加快与哈萨克斯坦、泰国、柬埔寨、越南等“一带一路”沿线国家交流与合作，促进金融标准的互通互认。

第二节　金融标准化管理

一、巩固金融标准化基础

（一）健全完善组织架构

2020 年 11 月 30 日，金标委 2020 年工作会议暨第四届委员会第四次全体会议在京召开。人民银行副行长、金标委主任委员范一飞，国家市场监督管理总局（以下简称市场监管总局）副局长、国家标准委主任田世宏出席会议并讲话（见图 1-1）。

截至 2020 年底，第四届金标委人员组成为：主任委员 1 人，常务副主任委员 2 人，副主任委员 6 人，秘书长 1 人，单位委员 55 人，观察员 8 人。

按照《全国专业标准化技术委员会管理办法》，金标委持续推动证券、保险、印制分技术委员会在各自领域开展金融标准化工作，并加强管理与指导。2020 年，金标委证券分技术委员会（以下简称证券分委会）、金标委保险分技术委员会（以下简称保险分委会）组织开展换届筹备工作，形成换届方案。

按照《全国金融标准化技术委员会专项工作组管理办法》，金标委继续加强对专项工作组的统一规划、组建和管理。截至 2020 年底，金标委共设有 12 个专项工作组：银行间

图 1-1 金标委 2020 年工作会议暨第四届委员会第四次全体会议在京召开

市场技术标准工作组（组长单位由跨境银行间市场支付清算有限责任公司担任）、中国人民银行安全保卫标准工作组（组长单位由人民银行保卫局担任）、银行业数据中心运维标准工作组（组长单位由人民银行金融信息中心担任）、银行间市场业务标准工作组（组长单位由中国银行间市场交易商协会担任）、农信系统标准工作组（组长单位由农信银资金清算中心担任）、金融国际标准跟踪研究工作组（组长单位由中国金融电子化公司担任）、互联网金融标准工作组（组长单位由中国互联网金融协会担任）、绿色金融标准工作组（组长单位由人民银行研究局担任）、法定数字货币标准工作组（组长单位由人民银行数字货币研究所担任）、金融 IT 基础设施标准工作组（组长单位由人民银行科技司担任）、金融数据标准工作组（组长单位由人民银行科技司担任），筹建金融信创标准工作组（组长单位由人民银行科技司担任）。金标委秘书处设有 2 个工作组，分别是金融标准技术审查工作组（中国金融电子化公司负责）、金融标准实施推进工作组（北京中金国盛认证有限公司负责）（见图 1-2）。

2020 年，金标委秘书处新增设安全与基础设施、金融科技与金融数据、信息交换与业务应用 3 个专家组，由掌握金融领域国内外标准化发展趋势和需求、具有标准化理论知识和专业技术能力的专家组成。依托金标委秘书处标准沙龙工作机制，各领域专家及时跟进国内外金融标准化动态，密切关注金融业新技术领域发展趋势，深入交流讨论国内外有关问题，为金融标准化工作建言献策，充分发挥了专家智库作用。全年共举办金融标准沙龙 23 期，对加快建立国内国际标准一体化、全生命周期科学化的标准管理体系，促进国内外金融标准生态圈的建设与融合具有积极意义。

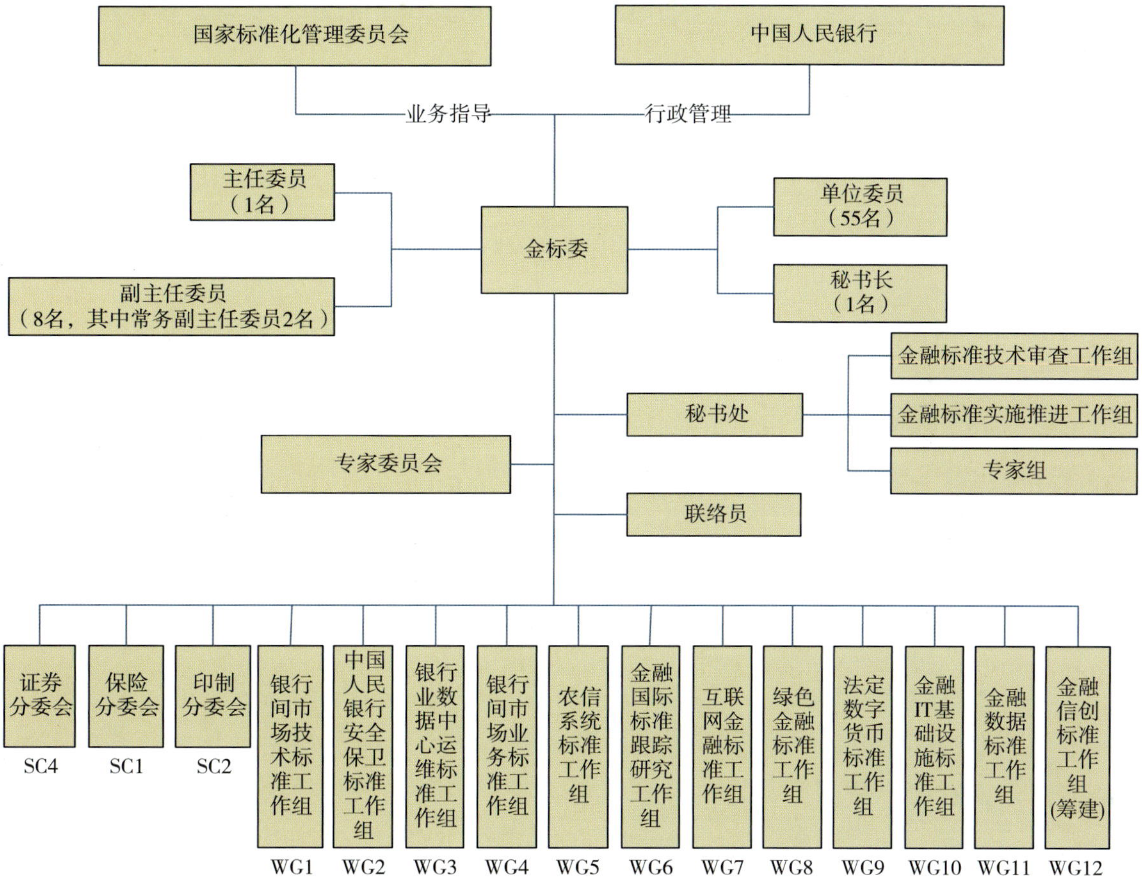

图 1–2　第四届金标委组织架构

（二）梳理优化制度体系

2020 年，金标委进一步完善金融标准化制度体系，规范金融国家标准制修订流程，优化金融行业标准发布模式，持续加强金融标准化管理。证券分委会对《全国金融标准化技术委员会证券分技术委员会章程》《全国金融标准化技术委员会证券分技术委员会秘书处工作细则》等制度进行修订，为新一届证券分委会工作奠定了制度基础。保险分委会完善《全国金融标准化技术委员会保险分技术委员会章程》《全国金融标准化技术委员会保险分技术委员会秘书处工作细则》，提出《保险标准化工作管理办法》修改讨论稿。金标委印制分技术委员会（以下简称印制分委会）组织制定《中国印钞造币总公司技术标准管理办法》，进一步优化、创新标准化工作机制，加强标准制修订过程管理。

（三）创新完善工作机制

2020年，金标委持续完善协调推进机制。一是完善委员组成方案，开展委员调整工作。二是强化“一行两会一局”（人民银行、银保监会、证监会、市场监管总局）协调推进机制，全方位、多频次开展工作交流。三是持续实施副主任委员单位轮值机制，中国建设银行作为轮值单位，在金融标准化课题研究、金标委工作会议、人员交流和创新工作等方面给予充分支持。

证券分委会根据行业发展需要，新成立证券期货业金融科技专业工作组和标准检测认证专业工作组。保险分委会进一步发挥秘书处职能作用，通过线下专题座谈、线上交流群等多种形式，完善与业务监管部门、委员单位间的沟通联络机制。印制分委会加强标准制修订过程管理，在标准审查阶段增加课题组互审及重点内容评审环节，切实保证了标准的严谨性和准确性，为标准顺利研制奠定良好基础。

（四）加强人才队伍建设

金标委持续加强人才队伍建设，派员参加市场监管总局组织的“2020年标准化管理人员培训班”，系统学习标准化管理相关法律法规、政策及知识，提高行业标准化管理人员能力和水平。派员参加中国标准化协会组织的“中国标准英文版翻译和审查的要点、技巧及常用语解析”培训，为做好国际标准采标、中国标准外文版项目工作提供支持。出版《金融标准化通识》，推动金融标准化培训与考试纳入“深港澳金融科技师”专才计划。常态化举办“走进金融标准　网络直播课堂”，截至2020年12月底，累计举办30期，累计参培人数达2万余人次。依托金融行业标准《公司金融顾问》（JR/T 0139—2016），支持五道口金融学院向人力资源和社会保障部申报公司金融顾问新职业，引导相关产业发展，开展职业技能培训。2020年推荐59名专家加入条码支付安全、自然人识别码（NPI）、唯一产品识别码（UPI）等23个ISO工作组，通过参与金融标准国际化工作，学习借鉴国外标准化工作经验和方法，提升金融标准化人才专业水平。

证券分委会加大人才培养力度，组织举办“2020年证券期货业标准化知识培训班”，提升了行业标准化工作者的标准化业务能力。保险分委会依托委员单位并联合行业内外机构开展标准化活动，营造复合型标准化专业人才成长、汇聚、交流合作的良好氛围。保险机构在落实标准化工作过程中，主动建立健全专职和兼职的标准化岗位和人才队伍，强化了标准的宣传落地，标准化普及与人才培养进一步增强。印制分委会积极拓展培训手段，通过成立标准学习交流群，组织行业相关人员参加线上培训 20 余次，丰富了行业标准化工作人员的专业知识，提高了标准化工作能力。

二、推动金融标准化改革发展

2020 年，金融标准化工作进一步支持金融治理体系和治理能力现代化，助力金融服务实体经济、防范金融风险、深化金融改革开放，推动金融业健康有序发展。一是加强金融标准化顶层设计。广泛开展金融标准化“十三五”规划实施评估，启动金融标准化“十四五”发展规划编制；增强金融标准与政策制度联动，人民银行发布《中国人民银行金融消费者权益保护实施办法》（中国人民银行令〔2020〕第 5 号），要求银行、支付机构向金融消费者披露金融产品或者服务所执行的强制性标准、推荐性标准、团体标准或者企业标准的编号和名称。二是深化金融标准供给侧结构性改革。不断健全适应新时代金融发展需要的新型金融标准体系，推动金融国家标准、行业标准向政府职责范围内的公益类标准过渡，合理界定金融国家标准和行业标准作用范围；坚持大力培育金融团体标准和严格规范金融团体标准发展“两手抓”；充分发挥企业标准自我声明公开效应，推动企业标准化发展。三是强化金融服务效能，提升金融治理能力。推动成立金融标准化专业机构，培育发展市场化、规范化、国际化的专业金融标准化服务机构，健全金融标准、检测、认证机构体系，发挥市场化激励机制作用，更好地满足金融业对标准化服务的需求。四是推动金融标准化工作数字化转型。优化金标委金融标准全文公开系统、金融行业标准制修订系统，探索建立金融标准大数据平台、金融标准化人才信息库；深化中国金融业通用报文库建设，开展外汇领域报文语义模型映射关键技术攻关，健全报文库管理体系架构。

证券分委会积极推进证券期货业标准化改革发展，扎实推进证券期货业标准化“十四五”发展规划。保险分委会推动建立政府标准与市场标准协调兼容的新型保险标准化体系，更好满足行业需要；在银保监会统一领导下，横向协同业务监管部门参与标准化组织建设，增强委员单位标准化意识，纵向促进集团化平台化市场机构建立标准化组织管理体系，巩固保险业多层次的标准化管理基础。印制分委会以科技发展引领印钞造币领域技术标准化方向，持续完善工艺技术标准和产品标准体系，补齐生产流程中的技术标准短板；持续关注大数据、云计算、智能制造、生物技术与印制行业的融合创新趋势，加大新兴和交叉领域技术标准研制力度，充分发挥技术标准的理论和实践支持作用。

三、加大金融标准研究力度

（一）持续开展金融标准化重点课题研究

组织开展2020年金融标准化重点研究课题工作，针对“十四五”金融标准化发展的重点、难点、热点问题，组织人民银行分支机构、行业协会、金融机构、科研院所等开展金融标准化重点课题研究，共形成课题研究成果59项，涵盖金融标准化改革与发展、金融标准体系建设、金融标准国际化、金融标准实施、金融标准化基础能力建设等多个方面，进一步夯实金融标准化理论基础。

（二）推进金融风险防控关键技术标准研究

2020年，中国金融电子化公司、中国互联网金融协会等15家单位持续开展“金融风险防控关键技术标准研究”项目，围绕金融产品服务风险评价和控制技术、互联网金融信息披露、多样化金融支付领域风险监测、新形势下金融信息系统风险评估体系、多元化身份认证技术在金融信息系统规范等方面开展标准研制。截至2020年12月底，项目包含的35项国家标准已有25项完成立项，其中，8项标准完成征求意见稿、6项标准完成送审稿，2项标准完成报批稿。

（三）推进《资产管理产品介绍要素》系列标准研究

为规范面向投资者推介销售使用的资产管理产品介绍内容，填补我国尚无统一的资产管理产品介绍要素标准的空白，2020年，金融管理部门、金融市场基础设施共同开展《资产管理产品介绍要素　第1部分：银行理财产品》《资产管理产品介绍要素　第2部分：证券期货资产管理计划及相关产品》《资产管理产品介绍要素　第3部分：信托产品》三项标准制订，对银行理财产品介绍、证券期货资产管理计划及相关产品介绍、信托产品介绍的通用要求、各级要素及内容要求进行规定，给出相应的介绍模板，保护广大中小投资者权益。

（四）开展银行客户姓名生僻字问题研究

为解决金融相关信息系统无法很好地处理生僻字数据，从而导致公民无法正常办理金融业务的情况，保障群众享受数字化金融服务的合法权益，金标委积极运用标准化手段弥合“数字鸿沟”，多次组织协调商业银行、字库公司等机构研讨解决方案，成立标准起草组从银行入手，结合各机构的成功经验，共同开展《金融服务生僻字处理指南》金融行业标准研制工作。

（五）分委会开展标准化研究

证券分委会积极推动行业优秀标准向国际标准文本转化，联合金融信息交换协议协会组织（FIX）向国际标准化组织金融服务技术委员会（ISO/TC 68）提出《轻量级实时STEP 消息传输协议》国际系列标准立项申请，进一步完善《资本市场交易系统核心技术指标》立项材料，组织行业专家参与 ISO/TC 68 国际标准工作组，跟踪研究国际证券识别码（ISIN）、金融工具分类（CFI）及唯一产品识别码（UPI）等国际标准发展情况，进一步推动我国标准化工作与国际接轨。

保险分委会完成《保险市场标准与政府标准的协同转化机制》等 3 项研究课题结题工作，启动保险标准化“十四五”规划课题研究。部分保险机构在区块链技术应用、数据治理、风控、运营承保规则、客户服务等方面开展多项标准化研究工作，探索保险科技应用与创新管理发展路径，提升保险标准化对行业高质效发展的护航作用。

印制分委会积极开展《基于印钞企业人民币智能化制造的标准体系研究》。同时，中钞研究院开展助力抗疫技术标准研究，成立《钞票杀菌消毒》项目组，通过筛查几千项原始标准数据，为《钞票杀菌消毒》项目开展奠定了坚实基础。

第三节　金融标准体系建设

一、金融国家标准、行业标准建设

按照“统筹监管系统重要性金融机构，统筹监管金融控股公司和重要金融基础设施，统筹负责金融业综合统计”的要求，为增强标准建设和管理的主动性、前瞻性、科学性和规范性，2020 年，金标委组织修订金融标准体系框架，以提升金融业标准间的协调性，加强金融标准与其他相关产业标准、国际标准间的衔接度。标准体系采用功能分类方法，将金融标准分为基础标准、金融产品与服务标准、金融信息技术与设施标准、金融管理标准 4 类，并在此基础上，增加标准领域、ISO 参照等标签，以此构建辅助维度分类，便于管理和使用。

2020年，加快推进《人民币现金机具鉴别能力技术规范》《银行卡受理终端基本安全要求》2项金融强制性国家标准编制，发布《开放式基金业务数据交换协议》（GB/T 39595—2020）等4项金融推荐性国家标准，发布《金融分布式账本技术安全规范》（JR/T 0184—2020）等41项金融行业标准。截至2020年底，现行有效的金融国家标准达69项，金融行业标准达280项，在全国团体标准信息平台公开金融团体标准达47项，在全国企业标准信息公共服务平台公开金融企业标准达4307项。“国家标准保底线、行业标准设门槛、团标企标促发展”的格局进一步巩固，填补了金融科技、金融信息安全、金融服务领域的部分空白，促进了金融科技、普惠金融、绿色金融及供应链金融等领域的有序发展，有利于金融机构的技术创新，有利于为消费者提供更便捷、高效和安全的金融服务。

证券分委会响应资本市场各领域对标准的需要，不断加大标准供给，2020年共推动4项国家标准、11项行业标准发布，61项标准在建，6项标准立项，其中既有数据治理、信息安全、金融科技等技术类标准，也有绿色金融、投资者保护等业务类标准，有力支撑了证券期货行业各项业务的规范发展和信息安全保障。

保险分委会继续加大国家标准及行业标准建设力度，加快编制《保险车型编码规范》《人身保险伤残评定及代码》2项国家标准，完成《保险公司统计分析指标体系规范》《巨灾保险数据采集规范》等19项金融行业标准立项，推动《保险公司网络建设基本规范》《保险移动应用信息安全基本要求》等3项金融行业标准报批，2020年累计在建标准达30项。

印制分委会紧密围绕生产过程中的产品、工艺、质量、设备、检验和试验方法以及安全、环保等要素，积极开展技术标准的制修订工作。完成1项金融国家标准、12项金融行业标准立项；完成《贵金属纪念币术语》等12项金融行业标准的征求意见及审查工作。截至2020年底，印制分委会累计参与了9项国家标准、10项金融行业标准编制发布，助力印钞造币行业高质量发展。

二、金融团体标准建设

截至2020年底，全国团体标准信息平台公开现行有效金融团体标准47项。2020

年，中国支付清算协会、山西省金融学会、苏州市金融学会、重庆市金融学会等在全国团体标准信息平台公开金融团体标准 24 项。

中国银行业协会在其官方网站发布了《村镇银行评价指标体系》（T/CBA 205—2020）、《银行业金融机构企业标准体系建设指南》（T/CBA 206—2020）、《银行产品服务手册描述指南》（T/CBA 207—2020）及《文档版本标记》（T/CBA 208—2020）4 项金融团体标准。

中国支付清算协会在其官方网站发布了《商业银行应用程序接口安全管理检测规范》（T/PCAC 0008—2020）和《移动金融客户端应用软件安全检测规范》（T/PCAC 0007—2020）2 项金融团体标准。

中国保险行业协会在其官方网站发布了《保险机构健康管理服务指引　第 1 部分：总则》（T/IAC CHAA 39. 1—2020）、《保险机构健康管理服务指引　第 2 部分：服务内容》（T/IAC CHAA 39. 2—2020）、《保险机构健康管理服务指引　第 3 部分：风险分类》（T/IAC CHAA 39. 3—2020）、《保险机构健康管理服务指引　第 4 部分：方案设置》（T/IAC CHAA 39. 4—2020）4 项金融团体标准。

中国互联网金融协会完成《供应链金融　应收账款债权电子凭证业务规范》《供应链金融　监管仓业务规范》等 7 项金融团体标准立项，开展《互联网金融　互联网保险合同要素》《金融行业开源软件评测规范》等 9 项金融团体标准研制。

地方性金融社会团体积极开展金融团体标准制定。浙江互联网金融联合会制定并公开《互联网金融组织全面风险管理指南》（T/ZAIF 1001—2020）等 8 项金融团体标准；重庆市金融学会制订并公开《金融机构标准化工作水平评价指标规范》（T/CQJR 001—2020）等 2 项金融团体标准；苏州市金融学会制订并公开《智能网点服务规范》（T/SF-BS 001—2020）等 2 项金融团体标准；山西省金融学会制订并公开《银行机构现金服务消毒规范　第 1 部分：现金》（T/SXPFS 0001. 1—2020）等 3 项金融团体标准。

三、金融领域企业标准建议

2020 年，金标委持续推动金融领域相关企业开展企业标准化建设，在金融领域企业标准“领跑者”活动的带动下，持续推进金融企业标准自我声明公开。截至 2020 年底，全国企业标准信息公共服务平台公开的金融领域企业标准数量达 4307 项，有效提升市场主体创新活力。

中国工商银行、中国农业银行、中国银行、中国建设银行、交通银行、中国邮政储蓄银行6家国有大型商业银行在企业标准信息公共服务平台公开金融服务领域企业标准40项。其中，中国工商银行公开《移动金融客户端应用规范》（Q/ICBC 3501—2020）等5项企业标准，中国农业银行公开《金融分布式账本技术应用要求》（Q/ABC 57—2020）等5项企业标准，中国银行公开《中国银行网上银行服务标准》（Q/BOC 8001—2020）等5项企业标准，中国建设银行公开《中国建设银行营业网点服务基本要求》（Q/CCB 1008—2020）等6项企业标准，交通银行公开《交通银行应用程序接口规范》（Q/BOCOM 00004—2020）等5项企业标准，中国邮政储蓄银行公开《中国邮政储蓄银行营业网点服务规范》（Q/PSBC 0009—2020）等14项企业标准。恒丰银行、民生银行、招商银行、浙商银行等10家全国性股份制商业银行在企业标准信息公共服务平台公开金融服务领域企业标准45项。

截至2020年底，各地中小银行、保险机构、证券期货基金公司、支付机构、金融科技企业等积极公开企业标准3925项。例如，江苏银行公开《江苏银行网上银行服务标准》（Q/JSB 0001—2020）等5项企业标准，中国人民财产保险股份有限公司公开《电子保单服务规范》（Q/PICC 010—2020）等25项企业标准，腾讯公司公开《移动支付客户端应用安全规范》（Q/TX 011—2020）等2项企业标准，蚂蚁科技集团公开《金融分布式账本技术应用规范》（Q/200001 AF 1002—2020）等2项企业标准。

广电运通、少士电子、福建升腾等金融相关企业依据创新技术成果，加快技术标准制修订，在企业标准信息公共服务平台公开支付机具、清分机等领域企业标准共计382项。

四、部分金融机构企业标准体系建设情况

中国银联制订并发布《标准工作流程参考手册》，完善技术标准管理办法，优化标准制修订和审议流程，为公司内标准化工作提供统一化的模板和实施参考流程。2020年，银联开展标准体系和支付受理终端管理相关技术的研究，统筹推进终端管理相关技术标准和基础能力建设。在企业标准制修订方面，银联全年共制修订《中国银联支付标记化技术规范》（Q/CUP 077—2020）等13项企业技术标准以及《中国银联金融数据安全

存储芯片技术指引》等 13 项企业技术指引。截至 2020 年底，中国银联的企业技术标准体系共包括 5 大类 44 部 156 项技术标准及 46 部 79 项技术指引，并基于标准建立起 11 项认证服务，支撑支付产业生态健康运转。

中信银行以《企业标准体系表编制指南》（GB/T 13017—2008）为基础，结合行内信息科技制度体系的管理要求，完成了信息技术标准规范体系规划。该规划对存量技术标准规范进行全面梳理，结合新增技术标准的规范需求，设立了 5 大类 20 小类约 200 项技术标准规范清单，内容涵盖需求分析、架构设计等多个方面。同时制定了信息技术标准的制修订计划，据此开展信息技术标准的制修订工作。

天津银行制定了《天津银行企业标准化管理办法》，明确标准化工作流程，国际、国家及金融行业标准采纳流程；建立企业标准体系框架，搭建标准化工作机制，同时依据标准化工作流程，编制了《天津银行营业机构服务规范》（Q/120103 TJBANK 001—2020）《老年客户服务规范》（Q/120103 TJBANK 002—2020）等一系列企业标准，进一步完善了自身企业标准体系。

平安集团创新建设集团标准管理系统平台，实现对各类标准化任务及活动统一、全流程、多方位的系统管理，为规模性标准化生产管理积累经验。同时，平安集团制定《信息技术标准化管理办法》，针对承担的基础设施、工具产品及创新技术等方面的标准化工作进行规范引导和监督。

中国银保信建立了涵盖通用标准、基础标准及分析应用标准 3 大类共 9 个子类的公司标准体系；按照“总体规划、突出重点、急用先行”的原则，明确了 2021 年至 2023 年的标准研制计划和实施路径。发布实施了《数据标准管理规范》，明确数据标准管理职责、数据标准研制和采标管理、应用管理等流程规范，为公司各项标准制定与实施提供制度保障。

重庆农商行参考《银行业标准化工作指南》（JR/T 0116—2014）、《银行业金融机构企业标准体系建设指南》（T/CBA 206—2020）建立涵盖服务保障、产品服务、运营管理、通用基础的标准体系，梳理金融领域国家标准和行业标准，按标准体系归类，形成清单，供相应业务部门参考。

第四节　金融标准制修订

一、金融标准发布情况

2020年，市场监管总局、国家标准委发布金融国家标准4项，人民银行、证监会共计发布金融行业标准41项，为防控金融风险、推动金融产品与服务提质增效提供了标准支撑。其中，金融国家标准分别为《开放式基金业务数据交换协议》（GB/T 39595—2020）《证券投资基金编码规范》（GB/T 39596—2020）《证券及相关金融工具　金融工具短名（FISN）》（GB/T 39601—2020）《基金行业数据集中备份接口规范》（GB/T 39662—2020）；金融行业标准包括《个人金融信息保护技术规范》（JR/T 0171—2020）等14项金融安全类标准、《金融科技发展指标》（JR/T 0201—2020）等12项金融科技类标准、《银行业集中营运规范》（JR/T 0173—2020）等5项银行服务类标准以及《期货合约要素》（JR/T 0181—2020）等10项证券期货类标准，标准清单详见附录B。

二、金融标准在建情况

2020年，在建金融国家标准共计60项，在建金融行业标准共计130项，标准清单详见附录B。

2020年，结合疫情防控形势，金标委秘书处不断创新工作方式方法，建立金融标准研制定期沟通机制和金标委委员视频会议审查工作模式，加快金融标准制修订进程，有效提升金融标准质量与工作效率。2020年，50余项金融标准完成征求意见，50余项金融标准通过金标委委员审查，60余项金融标准通过技术审查并进入报批程序。

其中，《人民币现金机具鉴别能力技术规范》《基于文本数据的金融风险防控要求》等金融国家标准已面向社会及金标委委员完成征求意见；《环境权益融资工具》《金融行业信息系统多活技术规范　参考架构》等金融行业标准进入报批阶段；《金融服务　金融业通用报文方案》《银行业应用系统　非功能需求》等金融国家标准，以及《多方安全计算金融应用技术规范》《金融数据安全　数据安全分级指南》等金融行业标准进入发布阶段。同时，新技术应用、金融安全、普惠金融等领域相关标准编制取得积极进展，人工智能金融应用算法评价、数字函证应用安全、银行业普惠金融业务数字化模式等行业标准正在开展编制工作。

三、金融标准立项情况

2020 年，金标委秘书处共受理 85 项金融标准立项申报，包括 10 项国家标准及 75 项行业标准。截至 2020 年底，组织开展标准立项投票 48 项，下达标准制修订计划 42 项，包括《绿色金融术语》等 17 项金融国家标准、《金融科技术语》等 25 项金融行业标准，涵盖绿色金融、金融科技、网络安全、供应链应用等热点领域。

2020 年，金标委秘书处持续优化金融标准立项工作机制，吸收借鉴国际标准化管理经验，建立金融标准各领域专家组，加强标准立项必要性、可行性和协调性研究，保障标准项目的成熟度，提升金融标准立项质量和水平。

四、金融标准复审情况

2020 年，金标委完成 2019—2020 年度金融标准复审工作，复审范围覆盖截至 2017 年底前发布并现行有效的《产生报文的银行卡　交换报文规范　金融交易内容》等 48 项金融国家标准以及《银行卡发卡行表示代码和卡号》等 186 项金融行业标准（包含各分委会归口标准）。发布《关于发布 2017 年底前发布的金融国家标准和行业标准复审结论的通知》（金标委秘发〔2020〕6 号）、《关于废止〈点钞机〉等 6 项金融行业标准的公告》（金标委秘发〔2020〕7 号）。金融标准复审率达 100%。

第五节　金融标准化实践

一、开展 2020 年“金融标准　为民利企”主题活动

为进一步发挥金融标准在促进金融业健康有序发展中的作用，助力实现全面建成小康社会和“十三五”规划收官目标任务，支持疫情防控和复工复产，推进金融标准化高

质量发展、高效能治理，人民银行在2020年全国“质量月”期间，在严格遵守疫情防控要求的基础上，组织开展“金融标准　为民利企”主题活动。全国共开展相关活动21万余场，覆盖1800万余人次，在14家中央媒体和主要财经媒体发布宣传报道70余篇，通过多媒体平台发布各类金融标准宣介信息2万余篇。

（一）各单位积极组织开展活动

1. 人民银行科技司统筹规划，保障活动有序开展

一是推动印发《中国人民银行办公厅关于在2020年全国“质量月”期间开展“金融标准　为民利企”主题活动的通知》(银办发〔2020〕126号)，明确活动重点方向及目标任务。二是在人民银行微信公众号发布“2020年‘金融标准　为民利企’主题活动开始啦”活动启动信息，阅读量达1.5万余人次。三是举办金融标准化工作交流论坛，邀请人民银行分支机构、商业银行、金融科技企业交流分享金融标准化工作经验，论坛开通线上线下直播互动，线上观众达4万余人。四是在《金融时报》微信公众号开设“金融标准　为民利企”宣传专栏，集中展示金融标准化工作良好实践。宣传专栏共发布文章29篇，累计阅读量达8万余次（见图1-3）。

图1-3　2020年“金融标准　为民利企”主题活动海报

2. 委员单位和人民银行分支机构积极创新，多种形式开展活动

金电公司搭建“金融标准化成果展”VR 展厅，方便群众和企业“云观展”，全方位了解金融标准知识。人民银行太原中支联合广发银行拍摄“游山西　读历史　学标准”视频，把古代山西票号管理制度与现代化的金融标准联系起来对照解读，生动展示了从古至今一脉相承的金融标准化理念。光大银行制作《擦亮国家名片　净化人民币流通环境》等形式新颖的标准知识科普短视频，受到广泛点赞和转发。

（二）活动取得良好成效

1. 为抗击疫情和复工复产提供有力支持

各单位积极探索金融机构疫情防控标准化，有效保障疫情期间金融服务畅通，实现金融服务与中小微企业金融需求的精准对接。人民银行营业管理部组织金融标准抗“疫”主题展，通过 3D 线上展厅展示 15 家商业银行在疫情期间借助金融标准助力疫情防控、复工复产的实践和精神风貌，近 2000 人参观展厅。人民银行南京分行指导辖内金融机构依据《网上银行系统信息安全通用规范》等标准，为抗击疫情定制特色金融产品，为抗疫一线单位和个人提供贴心金融服务和贷款支持，解决抗疫物资企业生产资金短缺的燃眉之急。进出口银行参考金融标准制定《中国进出口银行网上银行客户服务中心运营管理指引》，加强网银客服中心管理，提升非接触式金融服务保障力度。人民银行南宁中支指导桂林银行、兴福村镇银行等多家机构自主制定银行营业网点疫情防控标准，统一营业网点、自助银行防疫措施，规范清洁消毒操作流程，保障疫情期间金融服务高效安全。

2. 为全面建成小康社会贡献标准力量

各单位持续推进金融标准化向农村、向基层下沉，推动乡村振兴建设，助力实现全面建成小康社会。人民银行长沙中支指导金融机构制定《湖南湘乡农村商业银行乡村振兴贷贷款规范》《湘乡市村镇银行创业担保贷款规范》等多项特色信贷产品企业标准，助力缓解“三农”贷款压力。人民银行郑州中支组织辖内金融机构进村上门开展服务，帮助群众学习使用“云闪付”，集中宣讲个人金融信息保护、不宜流通人民币等金融标准知识，切实解决群众难题。人民银行南宁中支依据《农村普惠金融服务点　支付服务点技术规范》在北海市建设 23 个“五星级”农村普惠金融标准示范点，提升农村地区金融服务质量。人民银行济南分行指导菏泽农商行开展普惠金融乡村振兴“整村授信”活动，集中全村居民宣传金融标准并批量为适宜群众授信，覆盖村庄达 336 个。

3. 为质量强国建设添砖加瓦

各单位通过对标金融国家标准、行业标准，并积极制定企业标准，主动挖掘标准实施效能，进一步强化“有产品必有标准”的治理体系，完善金融质量管理机制。人民银行重庆营管部组织辖内机构梳理疫情防控、普惠金融、支持中小微企业融资等领域的金融产品和服务清单，推动各机构依据清单开展企业标准化实践。人民银行晋城市中支联合晋城市市场监督管理局开展“银行营业网点服务认证体验周”活动，推动金融机构开展对标达标，提升银行服务质量。中国银联依据标准对银行卡卡片、终端和 App 共计 122 款产品进行质量抽检，并面向 68 家单位进行金融安全标准知识宣传，推动标准有效落地。株洲市金融学会出台《株洲市个人信用报告自助查询网点服务管理标准》，助力推进社会信用体系建设。人民银行广州分行举办金融企业标准化体系建设培训会，讲解企业标准化体系构建的方法、案例，指导企业运用标准支持粤港澳大湾区金融高质量发展。

4. 为金融业数字化转型提供保障

相关单位通过参与金融科技类国家标准、行业标准、团体标准和企业标准的研制、宣传与实施，增强数字化转型。网联清算在 2020 年中国国际服务贸易交易会金融服务展上，分享了网联平台标准体系建设经验，突出标准化对提升系统效率、赋能网络支付行业的积极作用。农信银资金清算中心依据标准对个人网银、企业网银、手机银行、支付清算系统等项目开展对标评估，针对发现的问题及差距制订达标计划，以标准为抓手弥补系统薄弱环节，提升风险防控能力。建设银行制作《保护个人金融信息安全警示教育》宣传片，解读《个人金融信息保护技术规范》，列举可能造成客户信息泄露的风险场景及违规操作，消除泄露客户个人信息的风险隐患。交通银行、邮储银行、平安银行等面向全行 IT 技术人员开展《移动金融客户端应用软件安全管理规范》等金融科技标准解读，增强开发人员的安全合规意识，提高银行 App 的安全等级。苏州市金融学会制定并公开《智能网点服务规范》团体标准，推动《苏州银行业 RPA（机器人流程自动化）实施规范》等团体标准制定，为当地智能网点建设、RPA 项目开发落地提供参考。

5. 为推动金融业双向开放搭桥建梁

相关单位面向“一带一路”沿线国家开展多层次金融标准宣传交流，互通金融标准化经验，推动金融标准联通。人民银行乌鲁木齐中支制作金融标准与“一带一路”专题中俄双语宣传材料，与哈萨克斯坦 6 家商业银行、31 家企业交流金融标准化成果。人民银行呼和浩特中支与蒙古国央行召开视频会议，交流探讨金融标准建设与实施情况，介绍《金融分布式账本技术安全规范》等金融标准。人民银行哈尔滨中支将《不宜流通人民币　纸币》翻译成俄文并制作海报，通过线上会议等多种渠道向俄方银行进行介绍推广。人民银行济南分行面向沿海地区外贸机构推广全球法人识别编码（LEI），帮助企业了解 LEI 在国际贸易方面的重要作用，“质量月”期间，烟台、日照两地新增 671 家赋码机构。人民银行长沙中支开展 LEI 在反洗钱领域的应用调研，归纳了金融机构在跨境法人身份识别、相关受益人穿透等方面的痛点，提出基于 LEI 解决上述难题的技术路径。

二、开展 2020 年金融领域企业标准“领跑者”活动

为进一步提升金融领域企业标准化水平，激发市场主体创新活力，充分发挥金融领域企业标准“领跑者”效应，营造标准化良好氛围，人民银行深入贯彻党中央、国务院决策部署，会同银保监会、证监会组织开展 2020 年度金融领域企业标准“领跑者”活动，提升金融产品和服务质量，改善市场环境，助力构建新发展格局。

（一）活动组织情况

2020 年度金融领域企业标准“领跑者”活动围绕人民生产生活中亟须提高服务质量的重点领域开展，包括商业银行服务领域、计算机及货币专用设备领域、金融信息服务领域、保险业领域。2020 年 9 月，人民银行办公厅、银保监会办公厅、证监会办公厅联合印发《关于开展 2020 年度金融领域企业标准“领跑者”活动的通知》（银办发〔2020〕139 号），明确活动目标和任务，鼓励各方积极参与。2020 年 9 月至 12 月，人民银行科技司会同银保监会统计信息与风险监测部、证监会科技监管局、市场监管总局标准创新管理司，调动各方力量，共同打造多方联动的工作局面。金标委秘书处协同金标委保险分委会秘书处、金标委证券分委会秘书处、中国标准化研究院资源与环境分院负责具体组织；相关行业协会、检测认证机构、研究院所等第三方评估机构以自我声明公开的企业标准为基础，遵循公平、公正、公开的原则，根据确定的评估方案开展评估工作，按照核心指标水平的高低形成企业标准排行榜。综合考虑消费者选择、产业发展水平、公开标准数量等因素，形成“领跑者”名单。

（二）活动效果

活动开展期间，全国共计 2676 家金融机构和金融机具等企业积极响应、踊跃参

与，活动期间主动公开 2903 项企业标准，最终评出 157 家具有国内领先水平和市场竞争力的金融领域企业标准“领跑者”。本次“领跑者”活动各重点领域整体情况如表 1-1 所示。

表 1-1　2020 年金融领域企业标准“领跑者”活动重点领域评估整体情况　单位：家

<table>
<tr><th>重点领域</th><th colspan="2">产品或服务</th><th>参与企业数</th><th>上传标准数</th><th>排行榜</th><th>“领跑者”</th></tr>
<tr><td rowspan="2">商业银行服务</td><td colspan="2">商业银行营业网点服务</td><td>1184</td><td>1307</td><td>41</td><td>41</td></tr>
<tr><td colspan="2">网上银行服务</td><td>920</td><td>950</td><td>60</td><td>32</td></tr>
<tr><td rowspan="5">计算机及专用货币设备</td><td colspan="2">自助终端（ATM）</td><td>27</td><td>39</td><td>5</td><td>4</td></tr>
<tr><td colspan="2">销售点终端（POS 机）</td><td>42</td><td>58</td><td>7</td><td>7</td></tr>
<tr><td colspan="2">条码支付受理终端</td><td>34</td><td>45</td><td>6</td><td>6</td></tr>
<tr><td rowspan="2">清分机</td><td>纸币</td><td>33</td><td>47</td><td>7</td><td>6</td></tr>
<tr><td>硬币</td><td>10</td><td>21</td><td>3</td><td>3</td></tr>
<tr><td rowspan="3">金融信息服务</td><td colspan="2">移动金融客户端应用</td><td>248</td><td>248</td><td>35</td><td>29</td></tr>
<tr><td colspan="2">金融分布式账本技术应用</td><td>63</td><td>63</td><td>15</td><td>9</td></tr>
<tr><td colspan="2">商业银行应用程序接口服务</td><td>73</td><td>73</td><td>18</td><td>9</td></tr>
<tr><td>保险业</td><td colspan="2">电子保单服务</td><td>42</td><td>52</td><td>27</td><td>11</td></tr>
<tr><td colspan="3">总计</td><td>2676</td><td>2903</td><td>224</td><td>157</td></tr>
</table>

本次“领跑者”活动取得了积极成效：一是金融市场主体创新活力有效激发，金融标准供给数量、效率和质量明显提升，企业标准自我声明公开效果显著，市场主体创新活力和竞争力大幅增强；二是“金融标准+检测认证”金融监管模式进一步完善，入围企业需就其产品或服务提供相关检测报告，金融机构实施标准的积极性和有效性得到有力提升；三是“领跑者”强化责任担当，发挥示范作用，面对新冠肺炎疫情，扎实做好各项金融服务保障工作，快速有力地支持疫情防控工作，高效安全地满足人民群众金融服务需求，为广大金融企业树立了标杆和榜样。

三、推动中国金融业通用报文库建设

人民银行参考和借鉴 ISO 20022《金融服务　金融业通用报文方案》标准运行模式，在稳定的报文开发方法论基础上，建立统一的报文注册管理机制及报文注册管理平台，一方面可以规范新报文的开发及注册流程，引导金融行业规范化发展；另一方面可以统筹管理国内存量报文，对标国际 ISO 20022 报文库，建立国内与国际报文标准的衔接，形成金融市场的双向互通，促进国际报文的引进及国内报文向国际输出。

（一）报文库建设情况

截至 2020 年底，已完成报文库平台及报文开发工具建设（网址：https://www.cufir.org.cn）。一是开发完成电子仓库功能，包括报文解析、报文存储、报文结构化展示等；二是实现报文管理功能，包括支持录入 ISO 20022 及其他国内主流标准类型报文，并根据业务领域分类存储报文等；三是成型一套报文开发工具（Cufir Kit），该工具涵盖了可供开发者复用的 ISO 20022 基础数据及报文模型，可供金融机构免费下载使用，支持开发者自行组装式开发新报文，生成符合国家标准的新报文；四是实现多方线上协作，包括开发者线上发布报文、专家组线上实施评审、管理组线上审批报文等。

此外，完成报文库管理体系建设，建立健全报文库管理、建设、运营及实施的组织架构。报文库管理体系由注册管理组（RMG）、注册机构（RA）、标准评估组（SEG）、标准协调组（SCG）构成（见图 1-4），在金标委领导下，分别负责报文库的管理和决策、建设和运营、报文评估、标准协调等工作。报文库章程及工作细则于 2020 年 5 月在银行间市场技术标准工作组年会上审议通过。报文库管理体系下专家团队已初步建立。

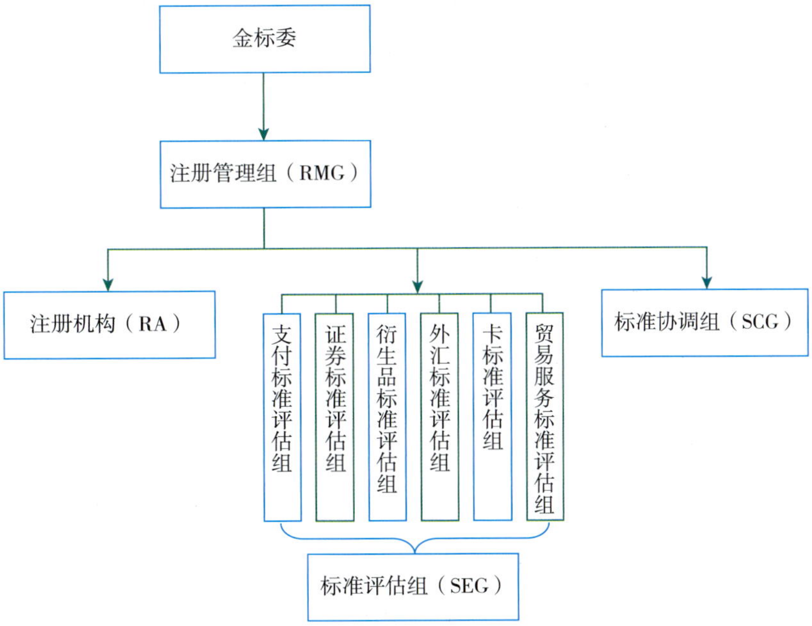

图 1-4　报文库体系组织架构

（二）报文库关键技术研究

在报文开发上，研发报文集成开发工具，包含浏览、开发、测试等一体化功能，支撑 ISO 20022 报文开发方案落地。在注册管理上，实现报文及数据字典要素的存储管理和注册管理，推动标准的数字化、电子化在线管理进程。在报文应用上，探索语义模型建立和报文内容转换，完成外汇领域 106 条报文向 ISO 20022 通用数据模型转换的技术验证，总结形成了《IMIX 标准向通用数据模型转换的技术报告》，为解决标准应用实践过程中存量系统面临的兼容改造问题奠定基础。

（三）报文库应用试点

组织外汇交易中心、中国银联、上海黄金交易所、上海清算所、上海票交所和中央结算公司等 6 家银行间市场机构开展报文库应用试点工作。以外汇交易中心外汇领域业务为基础，完成首批 34 条报文的开发及注册，并向 ISO 20022 注册管理组（RMG）提出现有报文的变更申请，其中中间价报文已获准开发，在此过程中逐渐积累了向 ISO 20022 RMG 输送报文的最佳实践。截至 2020 年底，各试点单位已按要求提交存量报文入库计划，主要包括采标自 ISO 20022、FIX、ISO 8583、ISO 7816 等的报文及自定义报文，拟入库报文总数预计 1139 条。

（四）报文库应用宣传

面向银行间市场技术标准工作组单位，开展报文库建设进展与未来展望的研讨，努力构建良好的用户生态及应用实践。

第六节　金融标准化培训

一、金标委秘书处组织培训

2020 年，根据疫情防控的客观情况，金标委秘书处利用网络直播形式，开展“走进金融标准　网络直播课堂”标准培训解读，内容涉及 2020 年重点宣传推广的金融标准、金融领域企业标准“领跑者”活动等多个方面，解读标准编制背景、标准主要内容及应用实施案例，解决标准实施过程中遇到的问题，有力提升了金融业标准化工作的整体水平。2020 年度“走进金融标准　网络直播课堂”共举办 30 期，累计参加培训的人数超过 2 万人（见图 1-5）。

图 1-5　金融标准“网络直播课堂”宣传海报

二、人民银行分支机构组织培训

2020 年，人民银行各分支机构开展了面向金融机构的重点金融标准培训，部分案例如下。

人民银行营业管理部组织辖内商业银行开展线上金融标准大讲堂系列培训，培训内容包括：标准化概论、重点金融标准解读、金融领域企业标准“领跑者”活动等，从金融标准基础到重点金融标准应用，对各类金融标准的实施进行了宣传普及，培训为期 9 天，共举办专题培训 12 场，参与培训人数达 1700 余人。

人民银行重庆营业管理部面向全国中小银行举办“区域性银行轻量级标准体系建设”在线直播论坛。重庆农商行结合自身实践经验，从区域性银行标准体系建设的背景、意义、痛点、实践、成效以及标准化工作思考等方面进行了交流。区域性城商行、农商行、村镇银行等 100 余家机构、600 余人次参与此次在线直播活动。

人民银行乌鲁木齐中支建立金融标准知识纳入国民教育体系合作机制，指导伊犁州中心支行、阿克苏地区中心支行、阿勒泰地区中心支行以在线教育为契机，对接教育部门与试点学校，依托在线教育平台普及金融标准知识，19所中小学校的3000余名青少年在家参与金融标准知识“云”课堂线上学习。

人民银行太原中支面向全省银行业、证券业、保险业金融机构举办“个人金融信息保护”标准宣传培训，辖区内金融机构280余人参加线上会议。培训采取政策宣讲、标准解读、案例分享、互动讨论等方式，提高金融机构与金融消费者在大数据环境下对个人金融信息的保护意识。

人民银行武汉分行指导辖内分支机构开展LEI专题培训推广活动，宣传普及LEI知识，介绍LEI国内外应用情况及在国际贸易中的作用，就LEI申请流程为企业答疑解惑。

三、金标委分委会组织培训

证券分委会组织举办标准化知识培训班和标准解读会，国家标准委、证监会科技监管局宣讲了国家最新标准化政策和行业标准化工作机制，标准起草单位对8项新发布标准进行了全面解读，新一届证券分委会拟任委员、联络员，各会管单位、行业经营机构、信息技术服务机构代表共100余人参加会议。

保险分委会利用多种方式在行业内开展《电子保单业务规范》等行业标准宣传解读及实施活动，有效支持和促进了保险电子保单服务系统建设。

印制分委会积极拓展标准培训手段，组织开展《粗银化学分析方法》标准线上直播解读，制作《合质金化学分析方法》《不宜流通人民币　纸币》《不宜流通人民币　硬币》等多项标准解读视频，进一步提升分委会委员及行业机构标准化管理能力和水平。

四、金标委委员单位组织培训

国家外汇管理局在2020年网络安全与金融科技视频培训会上开展了LEI专题培训，重点介绍了国家外汇管理局在金融资产负债及交易统计、金融机构外汇业务数据采集、境外机构投资者境内证券期货投资资金管理等领域推动LEI应用情况，增强参训人员对LEI在外汇领域应用的认识。

工商银行组织开展《移动金融客户端应用软件安全管理规范》《银行营业网点服务基本要求》等19项金融标准宣传、学习和对标贯标工作，组织举办对标分析会和知识讲座，开展“规范为王”标准竞赛，制作标准达标情况宣传图片，深化员工对标准的认识理解，基于标准提高工作质效。

农业银行积极响应人民银行、金标委的培训安排，面向行内相关员工组织开展GB/T 32319—2015《银行产品说明书描述规范》、GB/T 1.1—2020《标准化工作导则第1部分：标准化文件的结构和起草规则》等标准培训，有效地提升了标准化人才队伍的专业素养。

中国银行渠道运营管理部、个人数字金融部、信息科技体系等部门协同配合，结合金融领域企业标准“领跑者”活动、“金融标准　为民利企”主题活动，通过线上线下多个渠道组织开展金融标准培训，培训对象覆盖全辖36家分行相关工作负责人及标准实施骨干。

建设银行依据《个人金融信息保护技术规范》金融标准制作《保护个人信息安全警示教育》专题宣传片并组织员工学习讨论。制作“一图读懂《网上银行系统信息安全通用规范》”宣传长图，介绍新版规范的重点修订内容及与新技术、新应用相关的标准规范，并面向数据中心员工开展宣传和培训。

交通银行结合自身工作需求，组织各部门和分支行对集中营运业务、现金服务、网点服务等领域及区块链分布式账本、移动金融客户端应用软件、网上银行信息安全等重点金融标准进行培训。

中信银行组织开展《客户服务中心服务评价指标规范》《客户服务中心基本要求》《商业银行客户服务中心服务外包管理规范》等标准的研讨宣讲活动，深入学习商业银行客户服务中心服务外包管理规范并做好对标。

中国银保信通过线下宣导会、公司官网及内网新闻报道、微信公众号文章推送、简报简讯、大数据专刊等多种形式，开展《保险术语》《机动车保险数据交换规范》等保险标准宣传培训活动17次，有效促进标准落地。

第七节　金融标准检测认证

金融业不断完善金融标准检测认证体系，标准、检测、认证协同发展机制有效运转。基于金融标准的检测认证发挥了“保底线、拉高线”的效能，有效辅助金融业健康发展，让消费者更好享受便捷高效的金融服务。

一、金融标准认证体系日趋完善

2020 年 10 月 10 日，重庆国家金融科技认证中心成立，该机构提供金融科技相关的检测认证及金融标准化综合服务，为金融科技健康发展提供支撑。截至 2020 年底，全国已有 10 家[①]认证机构申请并备案金融标准认证业务，有效的认证项目共 40 项，包括 24 项金融服务认证、11 项国推产品认证和 5 项一般产品认证，认证对象涵盖金融基础设施、金融产品、金融服务及管理体系等多个领域（见表 1–2）。

表 1–2　2020 年有效认证业务

序号	业务类型	业务名称
1	服务认证	非银行支付机构支付业务设施技术认证
2		移动金融技术服务认证　客户端软件
3		移动金融技术服务认证　条码支付受理终端
4		移动金融技术服务认证　银行卡销售点（POS）终端
5		移动金融技术服务认证　银行卡自动柜员机（ATM）终端
6		移动金融技术服务认证　安全载体（SE）
7		移动金融技术服务认证　嵌入式应用软件
8		移动金融技术服务认证　安全芯片
9		移动金融技术服务认证　移动终端可信执行环境
10		移动金融技术服务认证　可信服务管理系统
11		移动金融技术服务认证　声纹识别安全应用
12		金融安全载体个人化生产企业服务认证
13		金融密码应用服务认证
14		银行卡发卡系统技术认证
15		银行卡清算组织业务设施技术认证
16		银行营业网点服务认证
17		金融业信息系统机房动力系统认证
18		农村普惠金融支付服务点认证
19		IPv6 金融应用认证

① 来自“全国认证认可信息公共服务平台”机构信息查询结果。

续表

序号	业务类型	业务名称
20	服务认证	网上证券交易服务认证
21		网上银行服务认证（2020 年新增）
22		不宜流通人民币管理认证（2020 年新增）
23		金融行业数据中心技术设施等级认证（2020 年新增）
24		中小银行信息系统托管维护服务认证（2020 年新增）
25	国家统一推行的金融科技产品认证	客户端软件
26		安全芯片
27		安全载体
28		嵌入式应用软件
29		银行卡自动柜员机（ATM）终端
30		支付销售点（POS）终端
31		移动终端可信执行环境（TEE）
32		可信应用程序（TA）
33		条码支付受理终端（含显码设备、扫码设备）
34		声纹识别系统
35		云计算平台
36	一般产品认证	金融集成电路（IC）卡产品认证（PBOC）
37		金融集成电路（IC）卡产品认证（安全芯片）
38		金融集成电路（IC）卡产品认证［芯片操作系统（COS）］
39		移动终端安全金融盾认证
40		个人信用报告自助查询终端认证（2020 年新增）

二、检测认证推进金融标准落地实施效果明显

通过检测认证的机构数量持续增长。除港澳台外的全国 31 个省（区、市）均以不同形式开展了金融标准认证工作。截至 2020 年年底，累计约 2000 余家申请方[①]获得认证，随着“金融标准+检测认证”的标准实施模式推进，通过认证的申请方较 2019 年同

① “申请方”包括持牌金融机构，以及金融产品与服务产业上下游企业。同一认证申请方申请不同领域认证时，统计数据进行累加计数。

比增加40%。其中，银行营业网点服务认证的申请方达670余家，覆盖网点数为27000余个，超过全国银行网点总量的11%。近10年通过认证的申请方数量见图1-6。

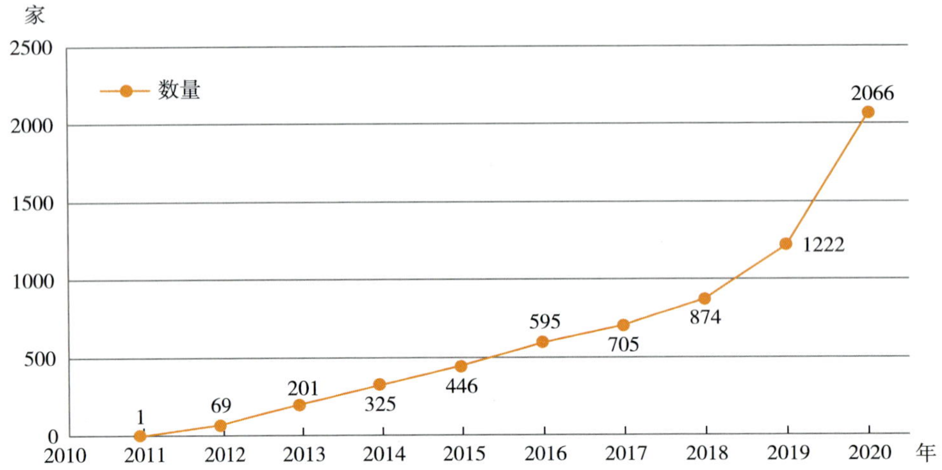

图1-6　通过检测认证的申请方数量

检测认证促进金融标准实施。2020年，共有79项金融标准成为检测认证依据，较2019年同比增长25%（见图1-7），覆盖金融国家标准、行业标准、团体标准和企业标准。其中国家标准2项、行业标准62项，分别约占现行金融国家标准、金融行业标准的2.9%和22.1%。金融标准检测认证多层次、多维度地推动金融标准实施，为金融产品与服务提质增效贡献力量。

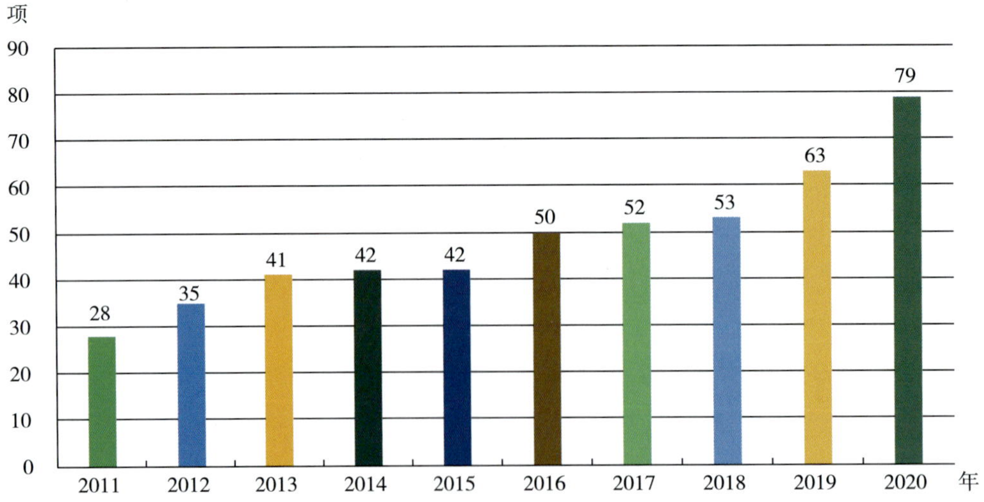

图1-7　金融标准应用于检测认证情况

通过检测认证金融机构对标达标工作力度有效提升。检测认证发挥了质量提升“拉高线”的作用。金融机构通过开展检测认证工作了解产品与服务的标准符合程度，积极开展质量提升活动，金融机构内部对标跟跑成效初步显现。以银行营业网点认证为例，较 2019 年，城市商业银行、农村商业银行与农村信用社达标营业网点数量实现倍数增长。金融机构结合认证经验，积极优化网点服务设施与环境布局，有效提升员工文明礼仪、消费者应答等方面的服务规范性与主动性。

三、检测认证有效提升金融标准治理效能

履行安全合规“守门员”职责。非银行支付机构 2020 年认证监督审核工作中发现，支付机构平均整改问题数由 2015 年的 53 项降至 25 项，呈逐年下降趋势，机构的支付技术水平和标准符合度稳步提升。通过对金融科技产品认证数据分析，超过 90%移动金融客户端软件需进行问题整改后，方能通过认证审核。认证申请方在安全性与个人信息保护方面整改问题均超 10 项。检测认证有效防范科技风险从金融机构向消费者传导，助力金融科技守正创新，发挥了“保底线”的作用。

保障金融消费者合法权益。围绕个人信息保护等社会公众关注热点，推动《个人金融信息保护技术规范》(JR/T 0171—2020）标准有关要求纳入移动金融客户端软件认证范畴。规范金融客户端软件依法合规采集与使用个人金融信息，保护金融消费者隐私权，创造公平公正的消费环境，积极发挥检测认证质量控制效能，提升金融消费者对金融服务的获得感和满意度。

助力完善普惠金融服务设施。2020 年，全国共 3000 余个农村普惠金融服务支付点接受《农村普惠金融服务点　支付服务点技术规范》标准认证。在陕西省铜川市宜君县和印台区探索出的“金融标准+扶贫”工作经验基础上，继续推动检测认证机构为甘肃平凉市庄浪县提供农村普惠金融服务点公益性认证服务。金融检测认证促进农村普惠金融服务点标准化改造，推进移动支付在农村地区发展应用，将金融标准成果惠及贫困地区人民群众。

支撑金融行业数字化转型。为进一步提升检测认证服务金融科技监管效能，金融科技产品认证在 2020 年实现了规模化发展。截至 2020 年底，共计 309 家金融机构的 873 款金融科技产品通过认证审核。同时，检测认证机构结合金融服务数字化转型的技术特点，推出云计算平台认证业务类型，积极推进 IPv6 认证应用落地。商业银行应用程序接

口安全管理、区块链技术金融应用相关标准的检测认证业务正在研究孵化，为特殊时期的金融服务数字化转型提供质量保障。

第八节　金融标准实施评估

为提升金融标准化治理效能，推动金融标准供给侧结构性改革，金标委秘书处组织开展了2020年金融标准实施评估工作。评估结果显示，金融机构积极实施金融国家标准和行业标准，同时企业标准化水平得到较好改善。

一、调研安排

（一）调研内容

调研金融国家标准和行业标准实施情况，包括《移动金融客户端应用软件安全管理规范》《中国金融移动支付　检测规范　第3部分：客户端软件》《中小银行信息系统托管维护服务规范》《金融消费者投诉统计分类及编码　银行业金融机构》《农村普惠金融服务点　支付服务点技术规范》《不宜流通人民币　纸币》《不宜流通人民币　硬币》《商业银行担保物基本信息描述规范　第1部分：通用数据元》《商业银行担保物基本信息描述规范　第2部分：专用数据元》《银行业客户服务中心服务评价指标规范》《银行业客户服务中心基本要求》《商业银行客户服务中心服务外包管理规范》《银行营业网点服务基本要求》《银行营业网点服务评价准则》《商业银行内部控制评价指南》《银行业产品说明书描述规范》11类共16项标准，涵盖金融科技、金融消费者权益保护、完善中小银行经营管理等重点方面。同时调研金融机构企业标准制定和企业标准体系建设情况。

（二）调研对象

调研除港澳台外的全国31个省（区、市）的177家银行业金融机构，总数较2019年增加67家。其中，国有大型商业银行6家，股份制商业银行12家，农村商业银行26家，农村信用社19家，城市商业银行84家，村镇银行19家，民营银行10家，并新增1家住房储蓄银行（中德住房储蓄银行）。

二、评估结果

（一）2020 年金融标准实施情况

银行业金融机构积极开展金融标准对标工作。其中，9 家机构（5%）对 11 类标准全部开展对标；151 家机构（85%）开展了 7 类以上标准对标；177 家机构（100%）至少对 11 类标准中的 3 类开展了标准对标。在金融机构开展对标的金融标准中：70%以上的机构完成金融消费者投诉统计标准、不宜流通人民币标准对标；50%以上的机构完成银行业客户服务中心标准、银行营业网点服务标准对标。行业主管部门发文实施标准、标准内容贴近金融消费者、标准配套检测认证业务、建立有效的活动带动机制等因素促进了相应标准实施。

（二）各类机构标准实施情况

各类银行业金融机构的对标比例较去年均有提升。国有大型商业银行标准化工作机制相对完善，金融机构对标比例达 82%。股份制商业银行以及城市商业银行、农村信用社等地方性银行业对标比例较 2019 年有大幅提升。金融机构积极选择检测认证手段提升自身标准化工作水平，以银行营业网点认证为例，从国家认证认可监督管理委员会官方网站获取的数据情况来看，2020 年城市商业银行、农村商业银行与农村信用社接受银行营业网点服务认证的积极性明显增强，达标的营业网点数量较 2019 年实现倍数增长。

（三）各类机构企业标准建设情况

各类银行业金融机构均已开展企业标准建设。企业标准制定方面，国有大型商业银行及 1 家住房储蓄银行全部开展企业标准制定，股份制商业银行、农村信用社、城市商业银行、农村商业银行和民营银行开展企业标准制定的比例超过 70%。企业标准体系建设方面，67%的国有大型商业银行已建立企业标准体系，36%的城市商业银行已开展企业标准体系建设，其余类型机构开展企业标准体系建设的比例低于 30%。银行业金融机构在开展企业合规管理、把控产品服务质量、防控金融风险过程中运用标准化手段的意识和经验不足，以及人才储备的欠缺等相关因素共同作用，影响了企业标准建设进程。

第九节　金融标准创新建设试点

2018 年，人民银行会同银保监会、证监会、国家标准委联合批复在重庆市、浙江省开展金融标准创新建设试点（以下简称试点），探索金融标准化工作新机制、新模式。2020 年 12 月，人民银行科技司会同银保监会、证监会、国家标准委相关部门对试点开展终期验收。

一、金融标准创新建设试点整体实施情况

重庆市、浙江省政府高度关注试点工作，分别组织召开试点启动会，印发试点配套文件，从政府层面进行了动员和部署。两地充分发挥试点地区各级金融机构自身业务特点和区域特色，以标准化支撑传统金融改革创新，在工作机制建立、特色标准研制、重点标准推广、标准评估监督等方面积极开展试点探索，进一步提升了区域内金融标准化程度和金融服务质量。

重庆市以金融标准实施为主线，制定发布重点领域金融企业标准 28 项、金融团体标准 3 项，培育金融领域企业标准“领跑者”5 个，开发建设“金融标准实施数据平台”，探索出适合中小银行的轻量级标准体系，编制质量增信融资参考指标体系，促成国家金融科技认证中心在重庆落地展业。

浙江省以金融标准编制和工作模式创新为重点，立项国际标准 1 项、行业标准 1 项，制定发布金融团体标准 8 项、企业标准 12 项，培育金融领域企业标准“领跑者”4 个，推动金融发展新业态，探索金融服务新模式，有效提升金融标准供给。

二、金融标准创新建设试点成效

（一）创新建立区域金融标准化协同管理机制

试点地区人民银行分支机构牵头，会同当地银保监局、证监局、市场监管局及地方金融监管局，共同建立地方金融标准化工作协同管理机制，制定相应的办法、章程，明确组织机构、工作职责和管理流程，打破原有一行两会“烟囱”式垂直管理模式。通过

试点实践，形成了高效的横向协作机制及良好的上下联动机制。

（二）金融业标准化水平逐步提高

重庆市、浙江省试点工作组引导试点地区金融机构从内部标准化工作机制建设、标准化研究、标准制定、标准应用实施以及标准化宣传培训等维度全方位推进金融标准化建设。其中，重庆市法人金融机构、非法人金融机构的标准化工作水平较试点前分别提升 147%和 25%，2020 年重点金融标准实施平均达标率为 91.5%；浙江省农联社标准化规范建设水平较试点前提高 47%。

（三）金融企业标准、团体标准建设数量与质量双提升

通过推动企业落实主体责任，重庆市、浙江省在重点领域分别完成企业标准建设 28 项和 12 项，在金融领域企业标准“领跑者”活动中，分别培育 5 家和 4 家本地法人机构当选“领跑者”，带动试点地区形成“生产看领跑、消费选领跑”的积极氛围。重庆市金融学会建设发布《金融机构标准化水平评价指标规范》等 3 项金融团体标准；浙江省依托浙江互联网金融联合会等 6 家社会团体，制定发布《大数据风控的信息技术与安全评估指南》等 8 项金融团体标准。金融团体标准、企业标准成为国家标准、行业标准的先行探索，支撑了区域金融创新和管理。

（四）金融标准对金融机构转型的支撑作用逐渐显现

重庆农商行探索出适合中小银行的“轻量级企业标准体系”，契合中小银行当前发展需求，降低开展金融标准化工作的难度，以标准化建设促进数字化转型。重庆富民银行制定《数字化银行评价指南》企业标准，从战略、产品、架构等 9 大维度出发，对银行数字化成熟度进行全方位、立体化度量和评价，指导其自身数字化转型。浙江稠州商业银行编制《信贷智能风控业务规范》，以标准化的方法解决信贷标准产品创新以及智能风控持续运营问题，实现全行线上信贷产品规模化建议效率提升 75%。

（五）金融标准服务普惠小微企业能力增强

重庆富民银行建设《个体工商户信用评价指南》企业标准，并在小微信贷系统中应用实施，系统依靠评价指南自动定额并审批的申请件占比超过 80%，累计服务小微个体工商户逾 15000 家，授信额度超过 40 亿元。民生银行杭州分行运用标准化手段提升服务效率，实现小微企业信贷服务“最多跑一次”目标，为 4721 家小微客户办理线上转期、居家续贷，金额达 98.4 亿元；通过移动运营累计上门服务小微客户 2655 家，金额达

47.33 亿元。

（六）金融标准推动绿色金融发展成效显著

重庆市金融学会制定《绿色信贷基础数据元》金融团体标准，并在“长江绿融通”绿色金融大数据平台中应用实施。该平台上线以来，已按标准收录企业 800 余家，为融资供需双方提供了对接通道，累计促成企业融资超过 1000 亿元。浙江省积极打造绿色金融标准体系，推动绿色认定、评级标准化，编制并发布绿色金融发展指数，通过第三方评估给予 161 家企业绿色贷款贴息共计 2372.59 万元。探索形成了绿色银行评价、绿色专营机构建设路径，湖州市已建立绿色金融专营机构 40 家。

（七）金融标准实施管理效率大幅提升

重庆市建设“金融标准实施平台”，可在线实时评估金融机构或地区标准实施情况及标准实施的社会效益、经济效益，评价金融机构标准化工作水平，形成可视化展示数据大屏并自动生成标准实施报告，便于监管机构及时掌握标准应用实施情况。同时，根据金融机构对金融标准的实施意见和建议，及时组织开展金融标准复审和修订，使金融标准紧跟行业需求，持续支撑金融发展。

第二章
金融标准国际化

- 金融标准国际化跟踪与研究
- 参与国际标准化工作情况
- 金融标准化国际交流

2020 年，金标委积极参与金融标准国际化及全球法人识别编码体系（全球 LEI 体系）建设，加强金融标准国际化人才队伍培养，提高金融国际标准研制水平，有序开展全球 LEI 体系各层级跟踪研究以及我国本地系统建设运营工作，助力我国金融市场扩大开放。

第一节　金融标准国际化跟踪与研究

一、ISO/TC 68 标准化跟踪与研究

截至 2020 年底，国际标准化组织金融服务技术委员会（ISO/TC 68）共有现行有效标准 59 项，包括安全类标准 16 项、参考数据类标准 15 项、信息交换类标准 28 项。

2020 年，ISO/TC 68 发布了 7 项国际标准，分别是：ISO 13616-1:2020《金融服务　国际银行账号（IBAN）第 1 部分：IBAN 的结构》、ISO 13616-2:2020《金融服务　国际银行账号（IBAN）第 2 部分：注册机构的角色和职责》、ISO 17442-1:2020《金融服务　全球法人识别编码（LEI）　第 1 部分：分配》、ISO 17442-2:2020《金融服务　全球法人识别编码（LEI）　第 2 部分：在数字证书的应用》、ISO 21586:2020《金融服务参考数据　银行产品服务描述规范》、ISO 23897:2020《金融服务　唯一交易识别码（UTI）》、ISO/TS 23029:2020《金融服务中基于 Web 服务的应用程序接口（WAPI）》。

2020 年，ISO/TC 68 提出 16 项新工作项目提案，分别是：ISO/AWI 9564-1《金融服务　个人识别码的管理与安全　第 1 部分：卡基系统中联机 PIN 处理的基本原则和要求》、ISO/AWI 13491-1《金融服务　安全加密设备（零售）　第 1 部分：概念、要求和评价（估）方法》、ISO 20038:2017/AWI AMD 1《银行及相关金融服务　使用 AES 的密钥包》、ISO/AWI 5158《移动金融服务　客户身份鉴别指南》、ISO/AWI 5201《金融服务　条码支付安全》、ISO/CD 5009《官方组织角色》、ISO/CD 4919《唯一产品识别码（UPI）》、ISO/DIS 24165-1《数字令牌标识符（DTI）　注册、分配和结构　第 1 部分：注册和分配方法》、ISO/DIS 24165-2《数字令牌标识符（DTI）　注册、分配和结构　第 2 部分：用于注册的数据要素》、ISO/DIS 10962《证券及相关金融工具　金融工具分类

（CFI）》、ISO/DIS 3531-1《金融服务　金融信息交换会话层　第 1 部分：FIX 标签/取值编码》、ISO/DIS 3531-2《金融服务　金融信息交换会话层　第 2 部分：FIX 会话层》、ISO/DIS 3531-3《金融服务　金融信息交换会话层　第 3 部分：FIX 会话层测试用例》、ISO/DIS 5116-1《提高财务和业务报告的透明度　协调一致主题　第 1 部分：欧洲用于监督报告的数据点方法》、ISO/DIS 5116-2《提高财务和业务报告的透明度　协调一致主题　第 2 部分：数据点建模准则》、ISO/DIS 5116-3《提高财务和业务报告的透明度　协调一致主题　第 3 部分：DPM 和 MDM 之间的映射》。ISO 20022 注册机构（RA）发布了中央交易监管报告报文、证券融资交易报告报文和 T2S 参考数据报文等 110 条报文。

2020 年，ISO/TC 68 及其分委会组织开展了 ISO/DIS 23195《第三方支付服务信息系统的安全目的》、ISO/DIS 6166《证券及相关金融工具　国际证券识别编码体系（ISIN）》、ISO/AWI 8583《产生报文的金融交易卡　交换报文规范》、ISO/AWI 18245《金融零售业务商户类别代码》等 28 项国际标准的制修订。

表 2-1　2020 年 ISO/TC 68 金融国际标准制修订统计

单位：项

标准制修订过程	立项	编制与修订	发布
数量统计	16	28	7

ISO/TC 68 重点开展的标准化工作如下：

（一）推动金融科技领域标准化工作

2020 年，ISO/TC 68 重启金融科技技术咨询组工作，聚焦数据管理、区块链、数字货币、人工智能等领域标准化研究，关注数据分析工具对金融行业的影响及新交易场景下的机遇与风险。同时，ISO/TC 68 全体会议决议组建央行数字货币研究组，负责研究央行数字货币标准化相关工作，以应对全球金融科技日新月异的飞速发展，更好满足监管需求。

（二）推动金融安全重点领域标准研制

经过一年的研究工作，2020 年，ISO/TC 68/SC 2 批准成立了客户身份鉴别技术工作组（WG 17）和条码支付安全工作组（WG 18），分别负责相关领域国际标准编制。同时，积极推进 ISO/AWI 19092《金融服务　生物识别　安全框架》、ISO/AWI TR 14742《金融服务　密码算法及其使用的建议》及 ISO/WD 24374《信息技术　安全技术　用于金融服务的分布式账本和区块链》等多项安全标准的制定工作。

（三）推进 ISO 20022 RMG 架构调整

2020 年，ISO/TC 68 年会及 ISO 20022 RMG 年会批准了 ISO 20022 RMG 架构调整方案，在 TC 68/SC 9 层面组建 ISO 20022 RA 监管顾问组，同时建立市场操作惯例工作组、本地化需求工作组，聚焦跨境支付领域研究分析 ISO 20022 本地实施需求。在 ISO 20022 RMG 组织结构调整过渡时期，RMG 现有成员将继续代表各自社区开展工作。

二、ISO/TC 322 标准化跟踪与研究

（一）TC 322 发布首版战略工作计划

2020 年 4 月，国际标准化组织可持续金融技术委员会（ISO/TC 322）正式发布首版战略工作计划（SBP）。SBP 的作用是促使 TC 322 工作计划与业务需求及趋势保持一致，确立各个标准项目的优先次序，并使用国际标准所能带来的预期效益保障标准项目制定过程中具有充足的资源支撑。SBP 明确了 TC 322 工作的业务环境、预期效益、参与主体、目标及实现战略、影响因素、组织结构与当前工作项目等内容，将成为日后 TC 322 工作的指导性文件，并定期进行修订。

ISO/TC 322 认为，可持续金融意味着通过金融活动及相关机构和市场安排，实现强大、可持续、平衡、包容的经济活动，支持联合国可持续发展目标（SDGs）框架并应对气候变化。金融市场的需求侧和供给侧都是可持续金融生态系统的利益相关者。当前全球尚缺乏可应用于金融实践和金融产品的可持续金融统一定义，对构成可持续金融良好实践的解释也不尽相同。许多国家、地区和相关部门已经制定了有关监管规则，并明确意识到统一的国际标准对促进可持续金融市场的成熟大有益处，但却鲜少开展国际通用可持续金融标准的制定工作，TC 322 将努力弥补这一空白和鸿沟，解决这一问题。

ISO/TC 322 指出，金融服务占全球经济体量 12% 至 19%，是一个包含很多细分领域的庞大产业。倘若要在 2030 年之前实现联合国可持续发展目标，投向可持续金融领域的资金需要翻一番，达到每年 5 万亿~7 万亿美元。TC 322 的目标是在全球范围内推动可持续金融发展和创新，使成员国能够以更快速度、更低成本、更小风险为实现联合国可持续发展目标提供金融支持，同时也使金融组织从可持续金融国际标准化进程中受益。

TC 322 的工作计划包括三项标准化活动：一是制定术语指南，达成对可持续金融的一致概念和理解；二是制定适用于整个金融系统的原则和框架标准，如《全球可持续金

融原则（GSFP）》，确立指导金融机构操作的顶层原则，搭建标准体系，明确各项具体标准的定位和作用；三是针对绿色可持续的信贷、债券、基金、衍生品、保险、私募股权、上市股票等各类金融产品，形成一套包括可持续金融分类、效益评估、信息披露、认证、管理等方面在内的系统化技术标准。

（二）加快推进基础通用标准研制

截至 2020 年底，ISO/TC 322 共有 3 项在建标准。

术语专家组（AHG 1）制定的 ISO/TR 32220《可持续金融　基本概念与关键倡议》已通过 TC 322 内部投票，提交至 ISO 中央秘书处申请发布。该标准中的术语均已被全球可持续金融业界广泛接受和使用，首次以 ISO 技术标准的形式体现。术语共包括以下 5 类：基本概念，原则、准则和规定，金融产品与服务，认证、报告与披露，国际倡议和组织。

可持续金融框架工作组（WG 1）正在制定 ISO/CD 32210《可持续金融框架　原则与指南》。该标准在框架层面提出有关原则、实践和术语的指引，旨在为将可持续性原则纳入投资和管理实践的金融服务组织提供支持，促进可持续资产的融资和开发活动。使用该标准的组织可通过在官方网站或其他渠道进行相关报告和披露来证明其与标准中的可持续性原则、指南和实践的一致性。

2020 年 1 月，TC 322 与环境管理技术委员会（TC 207）成立联合工作组（JWG 1），负责制定 ISO/WD 14100《绿色金融支持项目、资产和活动环境评估准则指南》。该标准将对如何使用环境标准来评估寻求融资的项目、资产和活动进行全流程阐述。

（三）开展未来标准项目研究

2020 年 4 月，TC 322 成立未来标准研制专家组（AHG 2），主要负责考虑未来标准化工作，对新工作项目进行研究并确定优先级。AHG 2 重点开展了可持续私募股权投资基金要求、可持续金融产品和服务开发实施原则和指南 2 个标准项目的研究，并已确立为预研工作项目（PWI）。

（四）进一步扩大参与主体

截至 2020 年底，TC 322 有 25 个参与成员（P-member）和 15 个观察成员（O-member），设有主席顾问组、可持续金融术语、可持续金融框架等 6 个工作组。TC 322 已与 TC 68 金融服务、TC 207 环境管理、TC 251 资产管理、TC 307 区块链和分布式账本技术、

TC 323 循环经济等 10 个 ISO 技术委员会，以及欧盟委员会（EC）、国际金融协会（IIF）、世界自然基金会（WWF）、气候债券倡议组织（CBI）等 10 个外部组织建立联络关系。

三、全球 LEI 体系跟踪研究与实施情况

2020 年，全球 LEI 体系监管委员会（Regulatory Oversight Committee，ROC）、全球法人识别编码基金会（Global Legal Entity Identifier Foundation，GLEIF）及本地系统（Local Operating Unit，LOU）三层级工作取得一定进展，主要内容如下。

（一）监管委员会（ROC）

1. ROC 职能及治理机制调整

2020 年 10 月，在金融稳定理事会（FSB）授权下，ROC 正式成为唯一交易识别码（UTI）、唯一产品识别码（UPI）和关键数据要素（CDE）等国际衍生品编码的国际治理机构（International Governance Body，IGB），为此，ROC 完成了相关制度和组织架构调整，具体包括以下几方面。

一是修订章程等相关制度文件，补充 ROC 的工作职责和范围，增加关于 UTI、UPI 和 CDE 的治理目标和职责，并提出对 UPI 服务提供商的监管原则和要求。

二是调整 ROC 组织机制。ROC 成员范围从金融监管部门扩大为包括其他政府部门，ROC 主席团（一正三副）中应至少有两人来自有“切身利益”的国家或地区，即该国家或地区已经或即将发布在场外衍生品市场交易报告库中强制使用 UTI、UPI 和 CDE 的法律法规。

三是调整执行委员会组织机制。围绕新增的 UTI、UPI 和 CDE 治理职能，调整执行委员会的成员资格、任务职能、架构设置及工作程序等。同时，修改加入执行委员会的资格和程序，有意加入执行委员会的成员需向 ROC 提交能够证明其有“切身利益”的材料，比如已发布的法律法规、征求意见稿等文件，由 ROC 全体成员审议通过后，该成员将被认为具有“切身利益”并有资格加入执行委员会。

四是增设衍生品编码和数据要素委员会。该委员会负责国际衍生品编码相关技术标准和治理政策的研制，成员来自中国、美国、欧盟、英国、法国、德国、加拿大、日本、沙特等国家或地区，主席由美国商品期货交易委员会（CFTC）和意大利金融市场监管局（CONSOB）代表联合担任。

2. ROC 加快推动国际衍生品编码实施

2008 年国际金融危机后，在二十国集团支持下，FSB 推动主要国家建设场外衍生品交易报告库，并针对交易主体、产品和交易识别构建一套全球统一的识别编码体系，以实现全球场外衍生品交易数据的互联互通，完善全球金融监管框架。2014 年 9 月，FSB 发布了数据标准化可行性研究报告，提出“无论如何整合，都必须完成关键数据要素的标准化工作，包括全球采用 LEI 以及创建唯一交易识别码和唯一产品识别码”。为实现产品和交易的全球统一识别，2017 年起在 FSB 的委托下，支付和市场基础设施委员会联合国际证监会组织（CPMI-IOSCO）陆续发布《唯一交易识别码协调技术指引》《唯一产品识别码协调技术指引》和《关键数据要素协调技术指引》。

基于上述相关国际衍生品编码技术指引，ROC 启动推进 UTI、UPI 和 CDE 实施。自 2020 年 10 月成为国际衍生品编码 IGB 以来，ROC 重点放在 UPI 实施上，建立 ROC 对 UPI 服务供应商（国家编码机构协会衍生品服务局）的监管机制，草拟双方谅解备忘录，明确职责分工，并在系统建设维护、数据服务、重大事项决策、外包管理、标准制定等方面细化对 UPI 服务供应商的监管方式。

3. 持续完善 LEI 数据建设相关政策标准

一是加强第二层级关系数据建设。完善关系数据收集机制，简化注册机构不提供母公司信息的选项，优化对无 LEI 的母公司数据的管理和维护，以减轻 LEI 本地系统运行和操作成本。增加 LEI 关系类型的数据项，以推动具有非常规组织结构的银行集团为其内部所有相关法人获得 LEI。

二是加强 LEI 数据质量建设。规范机构名称的录入和检索标准，编制机构名称的多语种翻译参考指引，提高法人名称的准确性。

三是发布政府机构 LEI 赋码政策。在实践中，ROC 发现很多场景中存在识别政府机构的需要，比如国民账户统计、公共债务风险分析、政府机构买卖金融资产或成为交易对手方等情况，为此，ROC 开始研究政府机构 LEI 赋码问题，并于 2020 年 12 月发布了《一般政府机构 LEI 申请资格指南》，对政府机构的 LEI 申请和数据收集进行了规范。

（二）全球法人识别编码基金会（GLEIF）

作为全球 LEI 体系中央运行单位，GLEIF 承担对全球范围内各本地系统监管以及全球 LEI 数据集中汇总、各项技术标准的制定实施等职责。2020 年，GLEIF 在全球 LEI 体系 2.0 战略、数字化战略、内部治理结构和政策优化等方面取得进展。

落实全球 LEI 体系 2.0 战略，助力 LEI 快速推广。 2020 年，全球 LEI 体系 2.0 战略的主要目标是实现 LEI 快速推广和应用，具体实施方式主要包括以下几个方面。一是通过引入金融机构作为验证代理，简化 LEI 申请流程，2020 年 11 月摩根大通成为 LEI 全球首家验证代理机构。二是完善 LEI 定价模式，转变目前单一的收费方式，从 LEI 发码收费逐步转变为 LEI 服务收费，最终实现 LEI 零成本。三是与监管部门合作开展 LEI 批量发码，通过与工商注册机构合作等方式进一步增加发码量。

顺应数字金融发展，构建可信任 LEI 生态体系。 2020 年，GLEIF 提出开展可信任 LEI（vLEI）的研究，将 LEI 放在一个授信框架中，使得代表实体的个人和企业可以在业务交易中使用可信证书来证明身份。可信任 LEI 生态体系包括金融、互联网、供应链、医疗等各行业，其中复杂的全球行业或受法规约束强的行业将是可信任 LEI 生态体系的最大受益者。

开展董事会组织架构和人员调整。 2020 年，GLEIF 对分委会设置进行了较大调整，取消原业务发展委员会和技术标准与运营委员会，新增风险委员会和业务战略咨询委员会。原主席 Gerard Hartsink 及 6 名董事任期于 2020 年 5 月到期，新主席 Steve Joachim 与增补董事于 2020 年 6 月正式上任。

优化调整内部政策和风险管理框架。 2020 年，GLEIF 修订了章程和董事协议，规范董事会录音文件的获取方式，完善董事须知和职责等规定。同时，GLEIF 董事会明确了风险管理框架，制定风险框架、风险政策和风险登记表等指导性文件。

（三）本地系统（LOU）

2020 年，全球各本地系统运行平稳。截至 2020 年底，全球共有 37 个本地系统通过 GLEIF 认可（2020 年新增 3 个通过认可的本地系统），全球 LEI 体系已发放 177 万余个 LEI，较 2020 年初新增 20 余万个。

截至 2020 年底，LEI 发码量位居全球前列的国家分别是美国（23 万余个）、英国（15 万余个）、德国（14 万余个）、意大利（13 万余个）、西班牙（12 万余个）。全球主要国家（地区）LEI 持码机构数量分布情况具体见图 2-1。

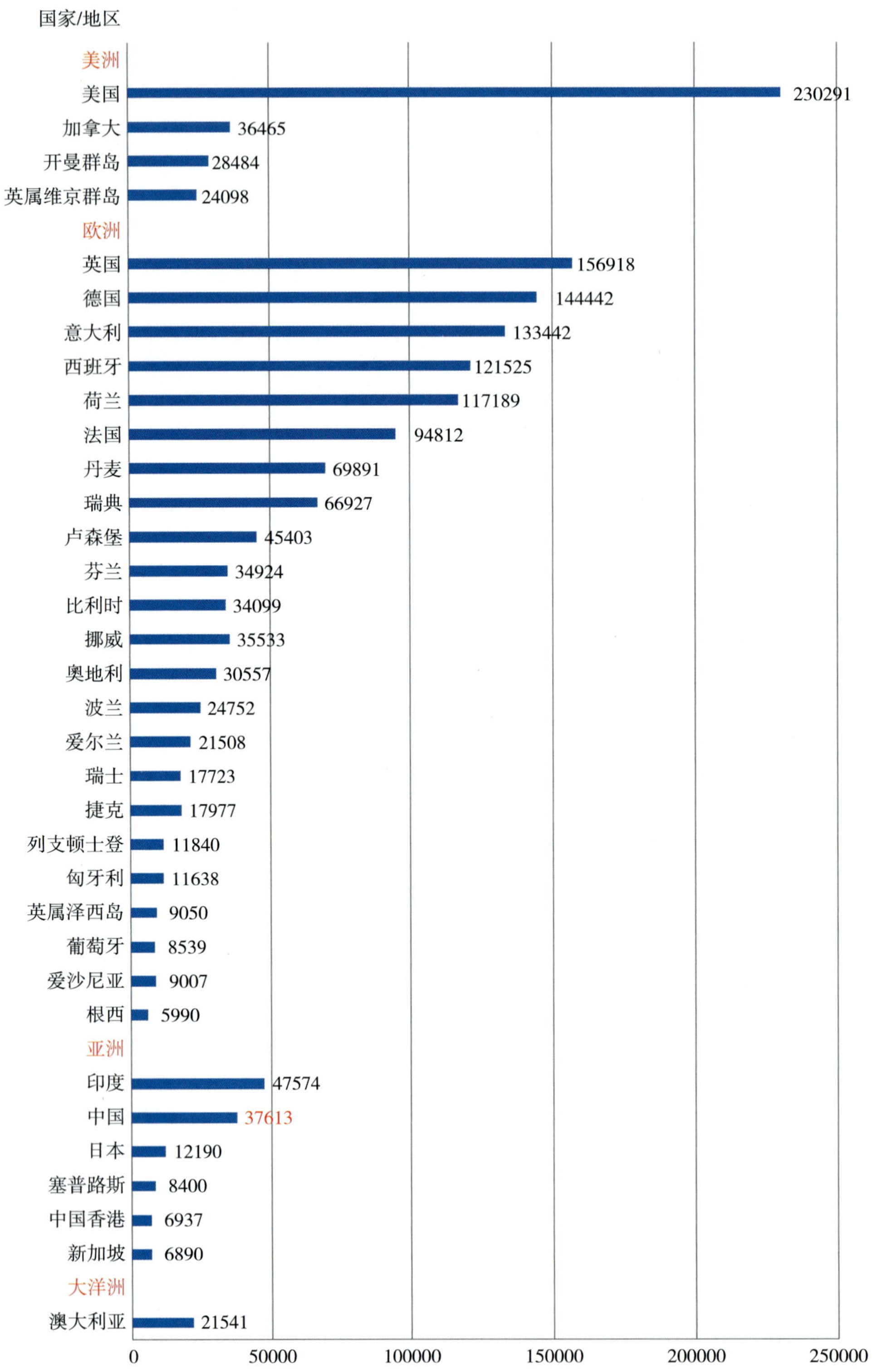

图 2-1　全球主要国家（地区）LEI 持码机构数量分布情况

2020 年，全球发码量累计前五名的本地系统分别为美国 Business Entity Data B. V. 、英国 London Stock Exchange、德国 WM Datenservice、美国 Bloomberg、意大利 Infocamere。上述本地系统 2020 年发码增量趋势见图 2-2。

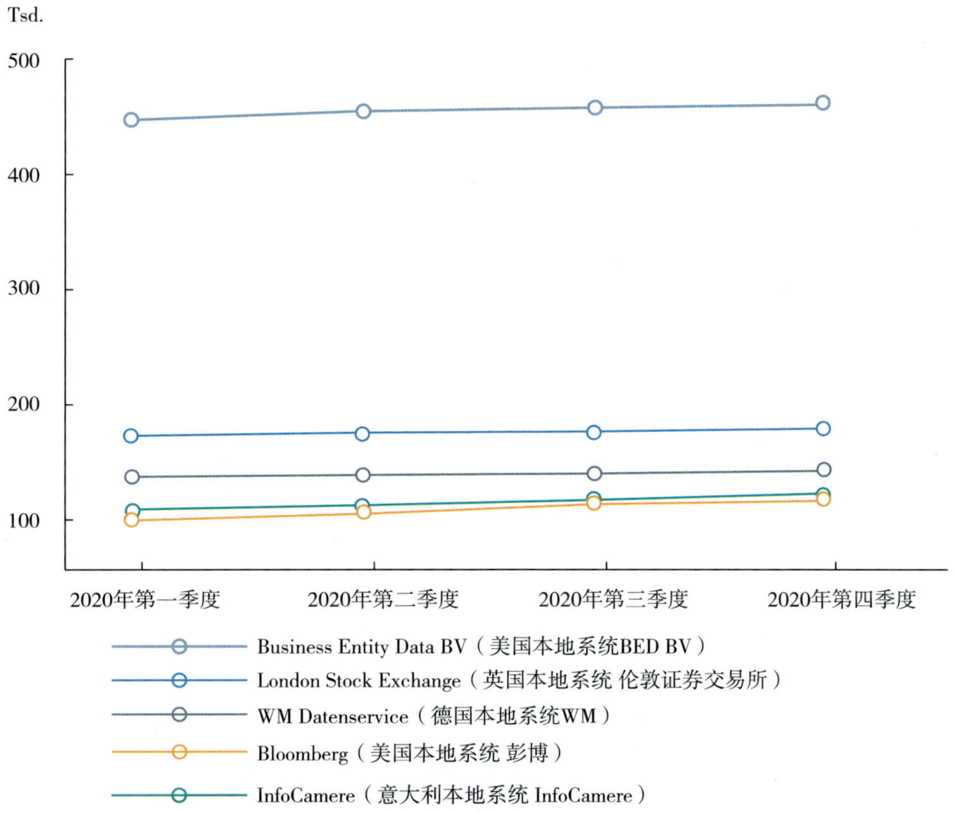

图 2-2 LEI 发码量全球前五名本地系统编码增量趋势

2020 年第四季度，LEI 增长量最多的五个国家和地区见图 2-3，其中我国境内 LEI 增长率名列全球第一，已经连续六个季度全球增长率最高。

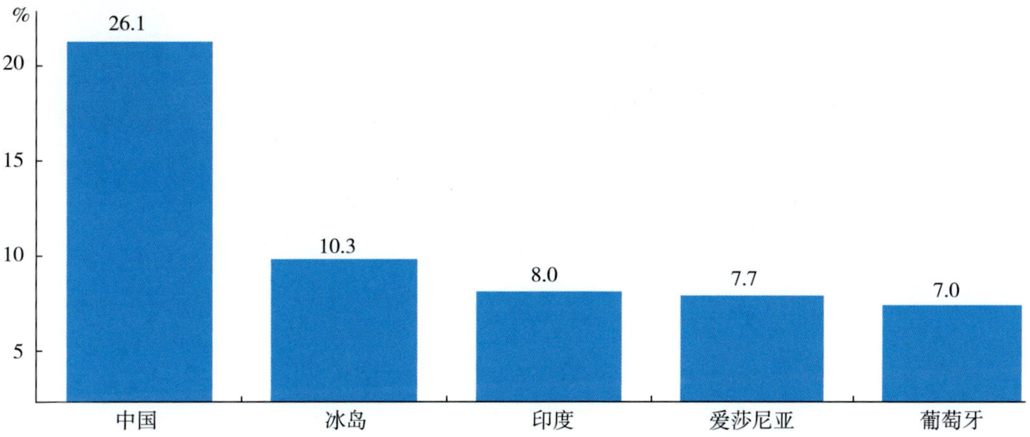

图 2-3 2020 年第四季度 LEI 增长率前五名的国家和地区

2020 年第四季度，我国本地系统发码量位列全球第一，已经连续六个季度引领增长，见图 2-4。

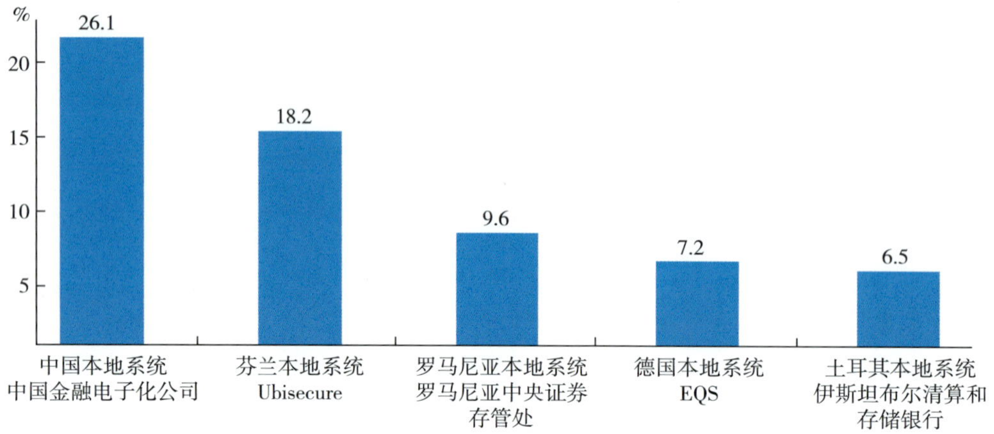

图 2-4　2020 年第四季度全球本地系统 LEI 季度增长率排名

年检率方面，2020 年第四季度，全球 LEI 年检率最高的五个本地系统见图 2-5。其中，我国本地系统 LEI 年检率为 100%，位列全球第一。

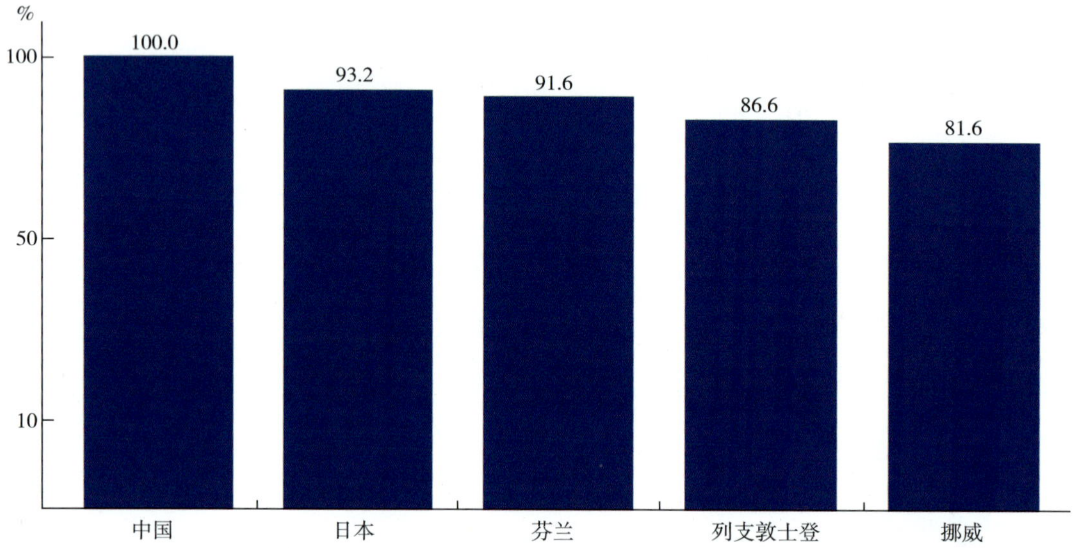

图 2-5　2020 年第四季度 LEI 季度年检率排名

第二节　参与国际标准化工作情况

一、参与 ISO/TC 68 工作情况

2020 年，金标委不断完善金融国际标准化跟踪研究对口机制，加大高素质人才队伍培养力度，组织国内相关机构积极参与国际标准制修订，不断提升参与国际标准化工作水平。截至 2020 年底，共推荐 104 名专家加入条码支付安全、移动金融服务客户身份鉴别技术、自然人识别码等 34 个 ISO 工作组（如表 2-2 蓝色标注所示）。

表 2-2　ISO/TC 68 及其分委会组织架构及国内参与情况

<table>
<tr><td rowspan="6">ISO/TC 68 金融服务技术委员会</td><td colspan="2">TAG 1-金融科技技术咨询组（人民银行科技司、重庆营管部、金融信息中心，外汇交易中心，互联网金融协会）</td></tr>
<tr><td colspan="2">AG 3-金融服务标准最佳实践顾问组（人民银行重庆营管部、外汇交易中心、支付清算协会、跨境清算公司、农业银行）</td></tr>
<tr><td colspan="2">AG 4-可持续金融顾问组（中金国盛认证中心、建设银行研究院）</td></tr>
<tr><td colspan="2">CAG-战略领导小组</td></tr>
<tr><td colspan="2">AG 2-标准顾问组</td></tr>
<tr><td colspan="2">SG 4-外联宣传组</td></tr>
<tr><td rowspan="12">ISO/TC 68 分委会</td><td rowspan="8">ISO 20022 注册管理组（RMG）（人民银行科技司、跨境清算公司）</td><td>ISO 20022 贸易服务类标准评估组</td></tr>
<tr><td>ISO 20022 业务模型支持组（跨境清算公司、外汇交易中心）</td></tr>
<tr><td>ISO 20022 外汇类标准评估组（跨境清算公司、外汇交易中心）</td></tr>
<tr><td>ISO 20022 卡及相关零售金融服务类标准评估组（工商银行）</td></tr>
<tr><td>ISO 20022 金融衍生品子标准评估组（外汇交易中心、工商银行、农业银行）</td></tr>
<tr><td>ISO 20022 支付类标准评估组（金电公司、农信银资金清算中心）</td></tr>
<tr><td>ISO 20022 实时支付特别工作组（人民银行支付司、清算总中心，跨境清算公司）</td></tr>
<tr><td>ISO 20022 技术支持组（外汇交易中心）</td></tr>
<tr><td rowspan="4">SC 2 安全分技术委员会</td><td>WG 8-金融服务业公钥基础设施管理工作组（人民银行金融信息中心、数字货币研究所，中金金融认证中心，建设银行，交通银行）</td></tr>
<tr><td>WG 11-银行业务中的加密算法工作组（人民银行太原中支、交通银行、中金金融认证中心）</td></tr>
<tr><td>WG 13-零售银行业务中的安全工作组（中国银联、银行卡检测中心、交通银行、中金金融认证中心）</td></tr>
<tr><td>WG 16-第三方服务供应商的相关安全工作组（人民银行科技司、网联清算公司、农业银行、蚂蚁科技集团、腾讯公司）</td></tr>
</table>

续表

ISO/TC 68 分委会	SC 2 安全分技术委员会	WG 17-数字货币的安全方面工作组（人民银行货币金银局、数字货币研究所，印钞造币总公司，中金国盛认证中心）
		WG 18-客户身份鉴别技术工作组（人民银行清算总中心、金电公司、中国银联、网联清算公司、中金金融认证中心、工商银行、蚂蚁科技集团、腾讯公司）
		WG 19-条码支付安全工作组（人民银行清算总中心、金电公司、中国银联、网联清算公司、交通银行、支付清算协会、蚂蚁科技集团、腾讯公司）
	SC 8 参考数据分技术委员会	CAG 1-主席顾问组
		AG 1-金融工具分类顾问组（外汇交易中心、银行卡检测中心、中国期货市场监控中心、中证信息技术公司、西南财经大学）
		ISO 4217/MA-《表示货币的代码》标准维护机构（外汇交易中心）
		ISO 20275/MA-《机构法律形式（ELF）》标准维护机构（农业银行）
		WG 1-金融工具分类工作组（中国期货市场监控中心、中证信息技术公司、交通银行、金电公司）
		WG 2-银行产品服务描述工作组（农业银行、中金国盛认证中心）
		WG 3-数字令牌识别码工作组（人民银行太原中支、印钞造币总公司、农业银行）
		WG 4-ISO 17442 修订工作组（人民银行金融信息中心、金电公司、中国结算公司、跨境清算公司、中金金融认证中心）
		WG 5-唯一交易识别码工作组（人民银行科技司、长春中支，外汇交易中心，中国期货市场监控中心、西南财经大学）
		WG 6-ISO 6166 修订工作组（上海证券交易所、深圳证券交易所）
		WG 7-自然人识别码工作组（深圳证券交易所、农业银行、金电公司）
		WG 8-唯一产品识别码工作组（金电公司、人民银行清算总中心、中国期货市场监控中心、中证信息技术公司）
		WG 9-官方组织角色工作组（金电公司、跨境清算公司、中金金融认证中心）
	SC 9 信息交换分技术委员会	AG 1-ISO 20022 注册机构（RA）监管组（外汇交易中心、跨境清算公司）
		TG 1-卡标准技术组（人民银行科技司、金电公司、中国银联）
		WG 1-ISO 20022 语义模型工作组（人民银行重庆营管部、清算总中心，外汇交易中心，建设银行，蚂蚁科技集团）
		WG 3-ISO 8583 与 ISO 18245 标准修订工作组（外汇交易中心、中国银联、网联清算公司、工商银行、农业银行）
		SG 1-ISO 20022 标准复审意见研究组（跨境清算公司、人民银行清算总中心、外汇交易中心、支付清算协会、网联清算公司、上海证券交易所）

金标委积极组织国内相关单位参与国际标准工作组并取得较好成效，具体如下。

（一）ISO 20022 注册管理组（ISO 20022 RMG）

2020 年 9 月，ISO 20022 RMG 召开线上年会，参会人员包括 RMG 各成员国和联络机构代表以及 RMG 下设各工作组召集人或代表。会议批准了 ISO 20022 RMG 架构调整方案。我国专家作为 ISO 20022 标准复审意见研究组召集人汇报了 ISO 20022 在我国本地化的应用情况以及中国金融业通用报文库最新建议进展，争取将中国金融业通用报文库的建设成果作为 ISO 20022 国际标准的一部分。截至 2020 年底，ISO 20022 RMG 下设的 5 个 SEG 共开发报文 686 条，较 2019 年新增 110 条。

（二）金融科技技术咨询组（ISO/TC 68 FinTech TAG 1）

2020 年 9 月，FinTech TAG 1 召开重启工作会议，计划聚焦数据管理、区块链、数字货币、人工智能等领域开展标准化研究，关注数据分析工具对金融行业的影响及新交易场景下的机遇与风险。同月，第 39 届 ISO/TC 68 年会决议在该咨询组框架下组建央行数字货币研究组，负责研究央行数字货币标准化相关工作。我国派出专家加入上述工作组。

（三）可持续金融顾问组（ISO/TC 68/AG 4）

为加强与环境管理（ISO/TC 207）、可持续金融（ISO/TC 322）、电子商务交易保障（ISO/TC 321）等领域技术委员会的沟通联络，2020 年 9 月第 39 届 ISO/TC 68 年会决议成立 TC68/AG 4，由 FIX 机构专家担任召集人。该工作组旨在基于 TC 68 及分委会需求，通过提供有关参考数据和信息交换中 ISO/TC 68 标准使用的指南，为可持续发展金融领域的金融服务行业和其他 ISO 技术委员会提供服务。我国派出相关专家参与该组工作。

（四）第三方支付服务供应商的相关安全工作组（ISO/TC 68/SC 2/WG 16）

SC 2/WG 16 负责编制 ISO/DIS 23195《第三方支付服务信息系统的安全目的》，农业银行专家担任 WG 16 秘书。该项标准由我国专家主笔，即将发布。2020 年 9 月，安全分委会听取我国网联清算公司专家关于《第三方支付服务信息系统安全框架指南》预研提案的汇报，决议同意由我国正式提交标准提案。

（五）客户身份鉴别技术工作组（ISO/TC 68/SC 2/WG 18）

SC 2/WG 18 负责编制 ISO/WD 5158《移动金融服务　客户身份鉴别指南》，我国蚂蚁科技集团专家担任召集人。该新工作项目提案于 2020 年 6 月在 ISO/TC 68/SC 2 立项；9 月，安全分委会年会听取蚂蚁科技集团代表关于标准进展及后续工作计划的汇报。目前 WG 18 正在起草标准草案。

（六）条码支付安全工作组（ISO/TC 68/SC 2/WG 19）

SC 2/WG 19 负责编制 ISO/WD 5201《金融服务　条码支付安全》，我国蚂蚁科技集团专家担任召集人。该新工作项目提案于 2020 年 7 月在 ISO/TC 68/SC 2 立项；9 月，安全分委会年会听取蚂蚁科技集团代表关于标准进展及后续工作计划的汇报。目前 WG 19 正在起草标准草案。

（七）银行产品服务描述标准工作组（ISO/TC 68/SC 8/WG 2）

SC 8/WG 2 负责编制 ISO 21586:2020《金融服务参考数据　银行产品服务描述规范》国际标准，农业银行专家担任召集人。2020 年 9 月，该项国际标准正式发布。这是首个由中国专家召集制定的 ISO 金融国际标准，标志着我国金融标准国际化工作取得重大突破。WG 2 后续将继续开展相关配套标准研制工作。

（八）数字令牌标识符工作组（ISO/TC 68/SC 8/WG 3）

SC 8/WG 3 负责编制 ISO/CD 24165-1《数字令牌标识符（DTI）注册、分配和结构　第 1 部分：注册和分配方法》、ISO/CD 24165-2《数字令牌标识符（DTI）注册、分配和结构　第 2 部分：用于注册的数据要素》。该系列标准目标定位为数字令牌，即 ISO 4217《表示货币的代码》定义的货币之外的数字交换媒介。

（九）ISO 17442 修订工作组（ISO/TC 68/SC 8/WG 4）

2020 年，ISO 17442 修订工作组分两个阶段完成了 ISO 17442:2012《金融服务　全球法人识别编码（LEI）》标准修订工作，该标准被分为两个部分：ISO 17442-1:2020《金融服务　全球法人识别编码（LEI）第 1 部分：分配》和 ISO 17442-2:2020《金融服务　全球法人识别编码（LEI）第 2 部分：在数字证书的应用》。2020 年 8 月，两项国际标准正式发布。

（十）唯一交易识别码（UTI）工作组（ISO/TC 68/SC 8/WG 5）

SC 8/WG 5 工作组负责 ISO 23897《金融服务　唯一交易识别码（UTI）》国际标准编制工作，旨在提出向交易报告库报告的金融交易唯一识别码的编码规则。2020 年 8 月，该项国际标准正式发布。

（十一）ISO 20022 标准复审意见研究组（ISO/TC 68/SC 9/SG 1）

SC 9/SG 1 负责研究 ISO 20022:2013《金融服务　金融业通用报文方案》系列国际标准复审意见，我国跨境清算公司专家担任召集人。2020 年 9 月，召集人在信息交换分技术委员会（ISO/TC 68/SC 9）年会上汇报了复审意见处理情况及中国金融业通用报文库建设进展，得到 ISO/TC 68/SC 9 管理层和与会专家的一致认可。后续研究组将继续研究 ISO 20022 复审价值及影响，确定修订工作的优先级并完成研究报告。

（十二）ISO 20022 注册机构监管顾问组（ISO/TC 68/SC 9/AG 1）

2020 年 9 月，信息交换分委会（TC 68/SC 9）年会决议成立 SC 9/AG 1，以协助 SC 9 履行对 ISO 20022 RA 的监管职能，原 ISO 20022 RA 并入监管顾问组并停止其监管职能，中国、美国、英国、日本、法国等十个国家推荐专家参与工作。

（十三）金融服务中基于 Web 服务的应用程序接口（WAPI）工作组（ISO/TC 68/SC 9/WG 2）

SC 9/WG 2 负责 ISO/TS 23029《金融服务中基于 Web 服务的应用程序接口（WAPI）》技术规范，我国外汇交易中心专家担任 WG 2 秘书，并与英国专家、新加坡专家组成联合领导组，推进该标准的编制。2020 年 2 月，该项国际标准正式发布。

二、参与 ISO/TC 322 工作情况

作为 ISO/TC 322 参与成员，我国深度参与可持续金融国际标准治理，派出专家参与多项国际标准制定，贡献中国智慧和中国力量。

我国专家担任主席顾问组（CAG）副主席，协助 TC 322 主席共同对各项工作进行规划和指导，作为主要起草者参与战略工作计划（SBP）制定，基于我国实践提出可持续金融国际标准体系框架，展现了我国在绿色可持续金融领域的经验和积累，得到 TC 322 主席和各国专家的高度肯定。

我国专家召集制定 ISO/TR 32220《可持续金融　基本概念和关键倡议》，已提交 ISO 中央秘书处进入发布阶段，将为可持续金融活动提供国际通用的基础参考。可持续金融术语专家组（AHG 1）将转化为工作组（TG 1），持续为 TC 322 内外部涉及可持续金融术语的标准内容提供专业建议与支撑。

在未来标准研制专家组（AHG 2）中，我国专家提议制定可持续私募股权投资基金要求、可持续金融产品和服务开发实施原则和指南 2 项标准，经 ISO/TC 322 全体会议审议通过，已确立为预研工作项目（PWI）进行研究。此外，我国专家还牵头 ISO/WD 14100《绿色金融支持项目、资产和活动环境评估准则指南》，参与 ISO/CD 32210《可持

续金融框架 原则与指南》等国际标准研制。

三、我国 LEI 应用实施情况

2020 年，我国持续开展全球 LEI 体系三个层级（ROC、GLEIF、LOU）的跟踪研究工作，深入参与国际金融数据标准治理，加快国内 LEI 赋码，推动制定 LEI 应用规则，探索 LEI 在跨境法人数字身份识别中的应用，研究建设跨境法人信息服务和数字认证平台，提高本地系统的可持续运营能力。

（一）监管委员会（ROC）层面

1. 加强 LEI 实施顶层设计

2020 年 11 月，人民银行联合银保监会、证监会、外汇局印发《全球法人识别编码应用实施路线图（2020—2022 年）》(以下简称《路线图》)，围绕 LEI 赋码、应用规则制定、技术应用和本地系统可持续运营提出工作计划和重点任务，为推动 LEI 实施提供了有力指导。同时，《路线图》的发布被 GLEIF 认为是 2020 年推动亚太地区 LEI 增长的主要动力之一。

2. 推动应用规则制定

截至 2020 年底，全球共出台 118 项 LEI 应用规则，其中中国 11 项，占比 9%，相较于 2019 年有较大提升。金融领域相关规则涉及银行间债券市场、自贸区账户、信用评级机构管理、证券开户、对外资产统计、境外机构投资者境内证券期货投资等领域，有力促进 LEI 应用实施。

3. 积极参与国际数据标准治理

积极参与 ROC 各项工作，派员加入国际衍生品编码和数据要素委员会、第二层级关系数据研究工作组等，参与 ROC 组织架构调整、数据质量管理、关系数据收集、政府机构编码申请资格等相关政策研究。密切参与 UTI 等国际衍生品编码标准的实施，组织国内相关金融基础设施和行业协会开展 UTI、UPI 和 CDE 等国际衍生品编码技术指引采标，为交易报告库数据标准建设提供参考支撑。

（二）全球法人识别编码基金会（GLEIF）层面

深度参与 GLEIF 各项工作，结合我国 LEI 发展情况，针对性地提出 LEI 应用推广举措。一是积极跟进全球 LEI 体系 2.0 战略研究，并参与 GLEIF 相关政策制定及内部管理。

二是为响应 GLEIF“将 LEI 与各类数字证书结合”的推广策略，提出将 LEI 信息纳入到跨境支付系统参与者的数字证书中，即通过与数字证书机构合作在企业的数字证书中加入 LEI 信息，在更多业务场景下应用数字证书和 LEI 双因子开展身份识别。三是结合 GLEIF 相关国际动态，对 LEI 在我国大额支付领域的应用进行全面研究，提出加强与监管机构合作、完善 LEI 应用规则、实现 LEI 数据生态圈等措施建议。

（三）本地系统（LOU）层面

2020 年，我国本地系统积极开展全球 LEI 体系跟踪与研究工作，按照《路线图》目标及任务，有序推进 LEI 赋码、应用推广及本地系统商业可持续运营工作，各项工作进展如下。

1. LEI 赋码及服务

我国本地系统与各金融基础设施、行业协会及人民银行分支机构等合作开展 LEI 赋码。按照《路线图》赋码计划，在保障服务质量的前提下，我国本地系统发码总量于 2020 年 9 月 25 日突破 30000 个，提前完成年度赋码任务。截至 2020 年底，发码总量达到 37829 个，超额完成赋码目标。我国本地系统成为全球发码量增长最快的本地系统。具体赋码工作完成情况如下：一是完成全部金融机构法人赋码，根据金融机构相关信息进一步规范金融机构分类标准；二是完成外汇交易中心、清算总中心、中国银联、上海黄金交易所、交易商协会、上海清算所、支付清算协会、互联网金融协会、跨境清算公司、网联清算公司、上海票据交易所、中央结算公司等金融基础设施及行业协会的会员机构或系统接入机构的批量赋码；三是完成上海证券交易所、深圳证券交易所、上海期货交易所、郑州商品交易所、大连商品交易所、中国金融期货交易所等证券领域金融基础设施的会员机构批量赋码；四是完成 3000 余家参与抗击新冠肺炎疫情的进出口企业赋码；五是完成天津、江苏、海南等自贸区企业批量赋码试点工作，建立为自贸区开立自由贸易账户企业进行 LEI 批量赋码的成熟业务模式；六是推动数字人民币运营机构赋码。

2. LEI 应用推广

我国本地系统与相关单位合作探索 LEI 应用推广模式，达成以下主要成果：一是与相关金融基础设施、商业银行、自贸区联合开展跨境法人数字化身份识别试点，参与单位包括外汇交易中心、跨境清算公司、中国银联、上海清算所、上海票据交易所、中金金融认证中心、工商银行、中国银行、建设银行、招商银行、广发银行、江苏自贸区

（苏州工业园区）。上述单位通过与 LEI 系统互联，开展代理验证和代理注册工作，完成 LEI 在银行业务和数字证书业务的嵌入，为 122 家机构发放了含 LEI 的数字证书。二是积极推进与证券领域金融基础设施的跨境法人数字化身份识别试点合作，积极与中国期货市场监控中心、中证数据公司研究试点方案。三是探索与跨境贸易平台、金融数据平台的试点合作模式，推动企查查公司、蚂蚁科技集团、深圳乐信公司成为 LEI 本地系统代理验证或代理注册机构。

3. LEI 商业可持续运营

为实现我国 LEI 商业可持续发展，LEI 本地系统加快推进跨境法人信息服务平台建设。一是完成《跨境法人信息服务平台业务需求书（初稿）》，梳理数据采集与更新、数据整理、数据质量管理、数据标准管理、数据加工、标准数据库和特色数据库、信息服务等方面需求。该平台建成后旨在“了解你的客户”（KYC）、客户准入、客户数据持续更新、客户尽职调查、客户及交易对手的信用和风险管理，反洗钱、反恐怖融资、反逃税等合规要求及大数据分析决策等方面为用户提供数据支持。二是完善跨境法人信息数据采集格式，收集和整理平台相关的行业标准与数据源指标，包括数据交换标准 17 项、公共数据标准 100 项、数据元标准 17 项、可靠数据源指标近 7 万个。三是在金电云上开发全球 LEI 数据库原型，实现全球 LEI 数据库的数据采集与更新、数据清洗、数据存储、数据查询和报表功能。

第三节　金融标准化国际交流

一、ISO/TC 68 会议参与情况

2020 年 9 月 21 日至 25 日，第 39 届 ISO/TC 68 年会通过远程方式召开，金标委组织国内相关人员参会。

会议期间，我国参会代表汇报了《银行业产品说明书描述规范》《移动金融服务　客户身份鉴别指南》《金融服务　条码支付安全》等国际标准进展，会议推动《金融服务　金融业通用报文方案》《第三方支付服务信息系统的安全目的》《金融服务　金融信息交换

会话层》等国际标准制定，会议决议后续由中国专家提出《第三方支付信息系统安全框架指南》《金融服务中参考数据分发技术规范》国际标准提案。同时，会议决议组建央行数字货币研究组、可持续金融顾问组、ISO 20022 RA 监管顾问组等工作组，开展相关领域标准化工作。总体来看，当前我国参与 TC 68 工作呈现以下特点。

一是标准国际化工作面临新机遇。当前，国际社会对金融科技标准需求迫切，特别是数字金融、数字货币等领域蕴含较大发展机会。后续在稳步推进相关标准制定的基础上，应积极参与重点领域国际标准研制，做好新项目提案衔接工作，推动标准国际化工作平稳发展。

二是国内外协同发展重要性日益显现。随着我国金融标准国际化工作不断深入，加强金融标准国际化工作的协同性愈发重要。除金融科技等标准研制领域外，下一阶段可在工作机制、金融标准体系、专家库建设等方面进一步统筹国内外金融标准化管理工作，打通国内外金融标准化生态圈，促进国内外标准化工作协同发展。

三是健全长效机制是可持续发展的重要基础。截至 2020 年底，我国共有 104 名专家加入国际标准工作组。为实现标准国际化工作可持续发展能力，优化长效发展机制，后续要持续金融标准国际化跟踪研究对口协调机制及工作推进机制，鼓励和支持市场主体按需参与国际标准化工作，加强国际标准化人才培养，夯实金融标准国际化工作的实践能力与研究能力。

二、ISO/TC 322 会议参与情况

2020 年 12 月 4 日，ISO/TC 322 第三次全体会议通过远程方式召开，来自中国、英国、瑞士、德国、日本、新加坡等国家和联络组织的 70 余名代表参加会议。ISO 技术项目经理（TPM）对《ISO 战略 2030》进行介绍，TC 322 秘书处、主席顾问组（CAG）、各工作组和专家组、成员国及联络组织对各项工作进展进行报告，共同讨论正在制定的各项标准和 TC 322 后续工作计划。

本次会议上，我国专家分享了我国积极参与的可持续金融国际平台（IPSF）、央行与监管机构绿色金融网络（NGFS）等其他可持续金融国际组织的有关工作情况，并提出针对不同金融产品分类构建可持续金融标准体系框架的重要建议，得到 TC 322 主席和与会专家的高度认可。我国专家牵头的 ISO/TR 32220《可持续金融　基本概念和关键倡议》已通过 TC 322 内部投票，将提交至 ISO 中央秘书处申请发布，同时会议决议将术语专家

组（AHG 1）转化为工作组（TG），为 TC 322 及其他相关 TC 涉及可持续金融术语相关工作长期提供支持和建议。我国专家提出可持续私募股权投资基金要求、可持续金融产品服务开发实施原则与指南 2 项标准提议，会议决议注册为预研工作项目（PWI），后续将启动新工作项目提案（NWIP）投票环节。

三、“一带一路”交流合作情况

为推进我国金融标准国际化高质量发展，根据《标准联通共建“一带一路”行动计划（2018—2020 年）》《金融业标准化体系建设发展规划（2016—2020 年）》等文件要求，相关单位积极与哈萨克斯坦、格鲁吉亚、吉尔吉斯斯坦、巴基斯坦等“一带一路”沿线国家开展金融标准化双边交流，取得积极进展和成效。

一是积极开展金融标准化沟通交流。人民银行乌鲁木齐中支与哈萨克斯坦、吉尔吉斯斯坦等国央行开展金融标准化交流，提供我国金融标准目录和有关金融标准简要释义。举办中哈霍尔果斯国际边境合作中心“一带一路”金融标准化宣传座谈会，签订金融标准化宣传自律公约（见图 2-6）。

图 2-6　中俄双语金融标准化宣传材料

人民银行呼和浩特中支与蒙古国央行开展金融标准化沟通交流，通过视频会议介绍我国新型金融标准体系及现有金融标准情况，推动建立长期金融标准沟通机制。呼和浩特中支在口岸城市多次开展金融标准主题宣传，为将内蒙古自治区打造成沿边开发开放最具活力合作先导区提供保障（见图 2-7）。

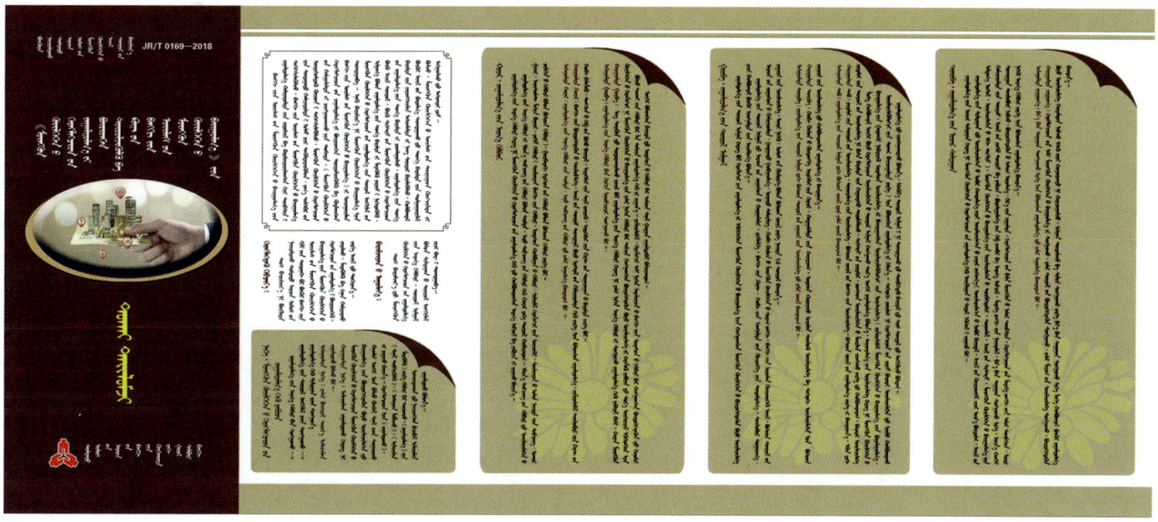

图 2-7　蒙语《金融消费者统计投诉分类及编码银行业金融机构》标准解读

人民银行南宁中支与中国银行（香港）胡志明市分行、中国银行（香港）金边分行、中国银行广西分行联合开展 2020 年广西“一带一路”金融标准交流调研会，重点研究中越、中柬金融机构在银行营业网点管理、金融消费者权益保护、电子支付服务等领域的标准差异。此外，南宁中支聚焦东兴金融开放试验区，探索建设沿边金融标准开放合作示范区，发挥标准作用。

二是共同开展金融标准学习合作。人民银行乌鲁木齐中支与中亚标准化（新疆）研究中心建立标准化工作信息共享与合作机制，双方协商共享中亚国家标准化工作经验，探索借助亚欧博览会定期举办中亚标准化论坛，深化与中亚国家金融标准交流合作。与哈萨克斯坦阿斯塔纳国际金融中心探讨金融标准合作，深入沟通了解金融中心相关法律及规则框架和体系，发挥金融标准的联通作用。

人民银行西安分行积极促进与白俄罗斯商业银行在金融标准领域的共同发展和长远合作，以《银行营业网点服务基本要求》等标准为切入点，展开与白俄罗斯储蓄银行的交流学习。

人民银行长春中支与东北亚标准研究中心建立标准化工作信息共享与合作机制，调研跟踪日本、韩国金融标准化战略规划及工作情况，整理形成《日韩金融标准化工作情况概述》。

三是共同推进金融标准应用实施。人民银行昆明中支与老挝人民民主共和国银行举办“滇老双边央行在线会谈”，向老方介绍我国参与金融国际标准研制的情况，老方对中国在标准国际化方面取得的成果表达了高度关注。针对老方提及的本国金融基础设施投资欠缺、技术力量薄弱导致金融科技应用程度不高、民众更多依赖银行营业网点来开展金融活动等情况，昆明中支分享了《银行营业网点服务基本要求》国家标准（老挝语版本）内容。

人民银行哈尔滨中支联合哈尔滨银行积极向俄罗斯宣传推广我国先进适用金融标准。选择俄罗斯金融业务场景需要的《不宜流通人民币　纸币》标准，将标准全文制作成俄文 PPT 及宣传海报，多种渠道将《不宜流通人民币　纸币》内容向俄方银行进行介绍。

四是积极开展金融标准外文版编制。在金标委指导下，金电公司牵头完成《银行营业网点基本要求》（GB/T 32320—2015）、《银行营业网点服务评价准则》（GB/T 32318—2015）两项国家标准外文版（英文版、缅甸语版、老挝语版）编制和报批工作，探索与亚洲金融合作协会等组织的金融标准化合作，助推我国与“一带一路”沿线国家金融标准化交流深入发展。

第三章

金融国际标准、国家标准和行业标准应用

- 《金融服务参考数据　银行产品服务描述规范（BPoS）》国际标准应用
- 《金融服务中基于网络服务的应用程序接口（WAPI）》国际标准应用
- 《证券及相关金融工具　金融工具短名（FISN）》国家标准应用
- 《区块链技术金融应用　评估规则》行业标准应用
- 《金融数据安全　数据安全分级指南》行业标准应用
- 《云计算技术金融应用规范》（共三部分）行业标准应用
- 《个人金融信息保护技术规范》行业标准应用

第一节 《金融服务参考数据 银行产品服务描述规范（BPoS）》国际标准应用

2020年9月，国际标准化组织（ISO）正式发布ISO 21586：2020《金融服务参考数据 银行产品服务描述规范（BPoS）》国际标准。这是首个由中国专家召集制定的金融国际标准，在为国际金融产品服务标准化贡献中国智慧的同时，实现了我国实质性参与国际金融标准治理的重要突破。

一、编制背景

随着银行电子化、信息化和金融科技逐步兴起，银行产品功能越来越复杂，银行从业人员难以掌握一个银行产品的所有特性，甚至于就某一功能比较复杂的银行产品询问同一家银行的不同工作人员，都可能会得到不同答案。这样的情况既损害了消费者合法权益，也不利于金融监管。针对银行产品说明描述不统一的问题，2013年，中国人民银行发布金融行业标准《银行业产品说明书描述规范》(JR/T 0102—2013)，提出银行产品需要描述的23个属性。行业标准发布后，金标委持续推动标准完善，并形成金融国家标准《银行业产品说明书描述规范》(GB/T 32319—2015)。

在标准编制过程中，研究团队发现相关领域标准在国际上尚属空白，在人民银行支持下，中国农业银行专家向ISO/TC 68提出了研制银行产品服务描述规范国际标准提案，并成功立项。该国际标准由中国农业银行专家担任标准工作组召集人及秘书，联合美国、英国、荷兰、瑞士、日本、德国、丹麦、印度等国专家共同制定。在“透明开放、合作共赢”的原则指导下，中国专家积极推进标准研制，与各国专家反复研讨磋商，与ISO/TC 68管理层保持密切沟通，克服重重困难。2020年9月，该国际标准通过ISO/TC 68成员投票并发布实施。

二、主要内容

《金融服务参考数据 银行产品服务描述规范（BPoS）》国际标准以我国2015年发

布的国家标准《银行业产品说明书描述规范》（GB/T 32319—2015）为蓝本编制，从金融消费者的视角规范了银行在提供产品和服务时应披露的信息及形式，明确了相关术语、说明书包含的实质性要素和展现要求，给出了银行产品说明书逻辑展现基本模型，使银行客户对银行产品能够进行准确的了解，易于对收益、费用和风险建立明确的认识，增强对不同银行同类银行产品的可比性，有助于商业银行为客户提供更好的服务。

三、标准意义与价值

该国际标准的发布，对于改善全球金融市场产品和服务管理、构建透明高效的金融产品服务规则体系具有积极意义。一是实现规则衔接，促进国际间银行产品服务规则的互联互通，支持金融监管部门对银行产品服务的真实性和准确性进行审核，加快国际金融服务和金融监管数字化进程。二是改善信息不对称的问题，提升银行产品服务信息披露的一致性和规范性，支持银行使用消费者易懂的语言披露产品服务信息，助力构建更加开放、公平、公正和非歧视的金融投资与消费环境。三是促进创新驱动，该标准通过信息要素的分析和组合，进一步降低银行编制产品服务说明书的技术门槛和成本，提升产品服务创新效率，增强国际金融服务普适度。

同时，该国际标准的发布是我国优秀金融标准“走出去”的成功典范，对我国金融标准国际化工作具有里程碑意义。一是实现了我国召集金融国际标准制定的重要突破，标志着我国在金融国际标准研制中从“跟踪研究”转变为“实质性参与”。二是提升了我国金融标准的国际认可度。该国际标准的核心内容与我国国家标准具有很强的一致性，我国优秀金融标准的内容受到国际标准化组织和专家的认可，为国际金融标准建设贡献了中国智慧。三是为促进我国金融标准国际化高质量发展奠定了基础。通过召集国际标准编制，中国专家对金融国际标准的治理规则形成了更加深刻的认识，积累了经验、锻炼了队伍、培养了人才，为后续全面深入参与国际金融标准治理奠定了坚实基础。

第二节　《金融服务中基于网络服务的应用程序接口（WAPI）》国际标准应用

2020年2月26日，由中国、英国、新加坡专家共同牵头制定的ISO技术规范《金融服务中基于网络服务的应用程序接口（WAPI）》（*Web-service-based Application Programming Interface in Financial Services*，以下简称WAPI）在ISO官网正式发布，标准号为ISO/TS 23029：2020。WAPI标准是由中国专家主笔的金融国际标准，标志着我国金融市场实践成果走上国际标准舞台。

一、编制背景

近年来，随着金融领域业务和监管规则的变化，产生和消费数据的金融机构、中介机构和监管机构之间的数据交互愈加频繁和复杂，全球各大金融机构对金融领域Web API开发和设计方法的标准化、数据传输安全性的需求日益增长。

制定WAPI的初衷是通过定义用于开发API的逻辑和技术分层方法，包括API的设计原则、基于Web服务的API规则、数据有效负载和版本控制，有效指导金融机构定义规范的Web API，从而进一步提供满足上述需求的安全、友好、高效的技术指导。

二、主要内容

WAPI标准定义了基于网络服务的应用程序接口开发所需的逻辑和技术分层方法，具体包括以下技术内容。

（1）设计原则。作为通用性标准，WAPI标准遵循异构标准兼容、可扩展、不可否认、统一标识、幂等性等原则。

（2）相关技术。相关技术章节描述了构建Web API时所必需且关键的基础性技术。工作组识别出的关键技术包括REST和SOAP、Websocket和Webhook、HTTPS、JSON和XML。

（3）命名规范。从技术角度而言，无论是JSON或是HTTPS等技术，其中的变量名、URL命名可以有不同的命名习惯，如匈牙利命名法、驼峰命名法、帕斯卡命名法等。虽然技术上均可行，但作为标准，规定统一的命名规范依然有必要。

（4）资源路径。资源路径的目的在于标明与特定API请求相关的资源所在地址。

（5）WAPI样式。规定了三种适用于不同业务场景的WAPI样式，即REST、异步消息和服务推送。

（6）数据载荷。数据载荷约定了通过API交互的语法、结构和数据类型等。截至2020年底，仅对JSON和XML进行了约定。

（7）安全与认证。此部分对传输层面、应用层面、报文层面的安全规范进行了约定，并规定了只读安全配置、读写安全配置、版本控制等内容。

（8）用例。已有不少机构或组织实践了基于 Web 的 API 设计，此部分重点介绍了 ISO 20022 标准的 Web 化实践方案。

WAPI 标准适用于各金融机构基础设施间交互 Web API 的设计。

三、标准推广与应用

WAPI 标准已应用于本币核心交易系统及外汇交易系统与其他系统间交互的 Web API 设计中。为推广 WAPI 标准应用，外汇交易中心提出了该标准的采标计划，并于 2020 年 8 月获国家标准委审批通过。后续，外汇交易中心将根据采标计划，持续推进 WAPI 标准的采标工作。

在我国，关于各金融机构基础设施间交互的 Web API 设计规范相对较少，通过采标 WAPI 技术规范，可以引导国内金融市场的技术发展，帮助金融机构规范应用程序编程接口，实现数据安全高效地远程在线同步交互。同时，采标 WAPI 对于提高我国金融市场标准体系的完整性也具有重要意义。

第三节　《证券及相关金融工具　金融工具短名（FISN）》国家标准应用

2020 年 12 月 14 日，《证券及相关金融工具　金融工具短名（FISN）》（GB/T 39601—2020）国家标准正式发布，并将于 2021 年 7 月 1 日起正式实施。FISN 旨在为金融工具的简短描述提供统一的标准化方法。结构化和标准化的金融工具描述方式有助于规范监管报告，并使投资者更好地理解金融工具，进一步提高市场流动性。

一、编制背景

随着跨境贸易的发展，市场参与者之间的信息交流变得越来越重要。要在全球范围内实现证券业务直通式处理，就需要互为补充的标准化数据元素。例如，ISO 6166

（ISIN）和 ISO 10962（CFI）是识别和分类金融工具的关键信息元素，而 FISN 有助于提高其可读性。证券行业的市场参与者通常以所涉及金融工具的简短描述来报告证券交易，市场数据供应商、银行和证券交易所在其数据库中使用自己的简称来描述金融工具，这些简称通常使用当地语言定义，且组成它们的长度、属性及顺序不同，使其适用范围仅限于当地。

除了直通式处理的要求，还有一些其他的发展因素，使得应用标准化的短名成为一个紧迫的问题。例如，电子发行、电子交易和电子结算通常使用网站公布价格，而网站上公布的价格通常附有相关证券的简称，屏幕限制了不同数据元素的可显示空间。因此，规范短名的长度、结构和内容将有利于通信、处理和展示。此外，相较于各类识别码，投资者更愿意使用工具短名来识别证券。

FISN 编码的制定将简化市场参与者之间的沟通过程，提高金融服务交易的效率、透明度，增强参考数据的可靠性、一致性。该标准等同采用 ISO 18774：2015《证券和相关金融工具　金融工具短名（FISN）》。

二、主要内容

该标准定义并描述了在规定结构内建立各类金融工具短名的国际有效体系的规则，适用于全球证券交易和管理中的各类金融工具应用。该标准提供了相关规则和指南来确定与 FISN 相关的数据元素、序列、分隔符和标点符号，包括发行人名称和金融工具描述的缩写。

FISN 是由 35 个以内的字母或数字组合而成的字符，主要包括“发行人简称”和“工具描述”两部分，因此为了创建符合长度要求的 FISN 需要缩写某些术语，注册机构（RA）负责缩写列表的分配和维护。

FISN 共包括债券、权益、权利、衍生品、结构性金融产品、参考工具和其他 7 类金融工具。其中工具描述反映了每种金融工具潜在组成部分的所有可能属性，在大多数情况下，并非所有的属性都适用于同一工具，但适用的部分应采用标准所示顺序。例如债券类的组成顺序为利率/类型+工具类型描述缩写+到期日+评级+集合编号+类别+系列+份额+信托+计划+担保+限制，而股票类的组成顺序为工具类型描述缩写+无表决权+类别+系列+非足额缴款+限制+面值。

三、标准推广与应用

截至 2020 年 12 月底，FISN 的注册机构为国家编码机构协会（ANNA），其业务遍及 120 余个国家和地区，通过在当地设立国家编码机构（NNA）来负责管辖该区域内的业务。截至 2020 年 11 月，各 NNA 向 ANNA 服务局报送活跃 ISIN 产品信息数量 1200 多万条，其中 CFI 分配信息 1100 余万条，占比为 91%，FISN 分配信息 1000 余万条，占比为 86%。

金标委证券分委会作为中国 NNA，自 2005 年加入 ANNA 起向 ANNA 服务局报送 ISIN 产品信息，并已于 2017 年 12 月起开始报送 FISN 信息。截至 2020 年 11 月，中国向 ANNA 报送活跃 ISIN 产品信息数量超过 11 万条，其中 CFI 分配信息占比为 99.88%，FISN 分配信息占比为 99.87%。

第四节　《区块链技术金融应用　评估规则》行业标准应用

2020 年 7 月 10 日，《区块链技术金融应用　评估规则》（JR/T 0193—2020）金融行业标准由人民银行正式发布。该标准从基本要求、性能、安全性等方面为区块链技术金融应用提供了客观、公正、可实施的评估规则。

一、编制背景

区块链作为新一代信息技术的重要演进，为数据要素的管理和价值释放提供了新思路，为建立跨产业主体的可信协作网络提供了新途径，在数字经济发展中扮演越来越重要的角色。金融服务是当前区块链技术落地项目最多、场景最为丰富的行业之一。因此，如何对区块链金融应用的功能、性能和安全性进行评估，如何客观、公正评价系统是否能够保障区块链金融应用的安全稳定运行，成为金融行业急需解决的痛点问题。为进一步贯彻习近平总书记关于“要加强对区块链技术的引导和规范，加强对区块链安全风险的研究和分析”的要求，建立健全区块链技术应用风险防范机制，推进区块链技术在金融领域的规范应用，在人民银行科技司的指导和支持下，人民银行数字货币研究所牵头承担并会同 39 家机构开展了《区块链技术金融应用　评估规则》（以下简称《评估规则》）金融行业标准的编制工作。

二、主要内容

该标准充分考虑了我国金融行业区块链技术的应用现状和需求，结合监管要求和行业发展趋势，规定了区块链技术在金融领域应用的实现要求、评估方法和判定准则等，从基本要求、性能、安全性等方面为区块链技术金融应用提供客观、公正、可实施的评估规则，适用于金融机构开展区块链技术金融应用的产品设计、软件开发和系统评估。

三、标准推广与应用

为保障《评估规则》切实落地推广，人民银行发布《中国人民银行关于发布金融行业标准推动区块链技术规范应用的通知》（银发〔2020〕162 号），提出以下要求：一是金融机构结合实际认真落实《评估规则》，建立健全区块链技术应用风险防控机制，定期开展外部安全评估，推动区块链技术在金融领域的规范应用；二是金融机构按照《区块链信息服务管理规定》（国家互联网信息办公室令第 3 号），结合实际，在满足金融相关标准和规定的基础上，开展区块链技术应用备案工作；三是行业协会按照《评估规则》加强区块链技术金融应用行业自律管理，建立健全自律检查、信息共享等机制。

《评估规则》的落地推广有利于保障区块链金融设施与应用安全稳定运行，促进区块链金融应用健康有序发展。

第五节　《金融数据安全　数据安全分级指南》行业标准应用

2020 年 9 月 23 日，《金融数据安全　数据安全分级指南》（JR/T 0197—2020）金融行业标准由人民银行正式发布。该标准的发布有助于金融机构明确金融数据保护对象，合理分配数据保护资源和成本，是金融机构建立完善金融数据生命周期安全框架的基础。同时，该标准对推动金融数据安全分级标准化工作大有裨益，在进一步促进金融数据安全工作逐步规范化的同时，也将促进金融数据相关业务稳健发展。

一、编制背景

随着大数据、人工智能、云计算等新技术在金融业的深入应用，数据逐步实现了从信息化资产到生产要素的转变，其重要性日益凸显。金融机构数据安全威胁的影响范围逐步从机构内扩大至行业间，甚至影响国家安全、社会秩序、公众利益与金融市场稳定。2017 年 12 月 8 日，习近平总书记在中共中央政治局就实施国家大数据战略进行第二次集体学习时提出："要切实保障国家数据安全，强化国家关键数据资源保护能力。" 2019 年 11 月，党的十九届四中全会首次提出数据可作为生产要素按贡献参与分配。2020 年 7 月 3 日公开征求意见的《中华人民共和国数据安全法（草案）》及 2020 年 10 月 21 日公开征求意见的《中华人民共和国个人信息保护法（草案）》，进一步将数据安全保护及相关制度体系建设工作提升至国家法律层面。

为指导各相关机构在满足金融业务基本需求的基础上，规范金融数据安全管理，强化金融行业数据资源保护能力，切实保障金融数据安全流动，人民银行科技司结合金融行业在实际市场中的应用需求，发起并组织开展金融数据安全分级标准的研制工作，最终编制完成《金融数据安全　数据安全分级指南》。

二、主要内容

金融数据复杂多样，对数据实施分级管理，能够进一步明确数据保护对象，有助于金融业机构合理分配数据保护资源和成本，是金融业机构建立完善的金融数据生命周期保护框架的基础，也是有的放矢地实施数据安全管理的前提条件。同时，统一的数据分级管理制度，能够促进数据在机构间、行业间的安全共享，有利于金融行业数据价值的挖掘与实现。

该标准提出了金融数据安全定级的主要目标、开展定级工作的原则、应进行安全分级的数据范围以及数据安全定级过程中的主要定级要素及其识别方法，明确了数据安全级别及安全定级的通用规则，说明了定级过程、级别变更等相关事宜。同时，该标准以附录的形式给出金融业典型数据最低安全级别、数据级别变化事宜、重要数据性质和内容等参考，为金融业机构开展本机构数据安全定级工作、第三方评估机构等开展数据安全检查与评估工作提供参照。

三、标准推广与应用

该标准为推荐性金融行业标准，宜在金融业机构、金融数据安全产品供应商、金融大数据服务提供商等金融数据应用产业链相关机构中推广应用，并通过检测认证工作来检查相关机构对该标准的落实情况。

一是积极开展标准宣传实施工作。组织人民银行分支机构、金融机构等以宣讲会、标准培训班、标准研讨会等形式开展宣讲和培训工作。

二是开展示范试点。为推动标准的落地实施，将围绕标准制定试点任务。参照标准内容，对试点单位金融数据进行梳理和安全定级，切实提高金融业机构数据安全保护意识，加强客户和机构自身数据安全保护。

三是持续推动落地实施工作。进一步结合金融业数据安全应用和监管的实际需要，有选择、有计划、分步骤地配套检测认证、安全评估、专项检查等措施，稳妥推进标准的落地实施。

四是广泛征求意见建议。采取多种形式不断收集来自金融业机构、检测认证机构及相关标准实施机构的意见和建议，并按照国家标准委和金标委对行业标准的修订、更新等相关规定开展对标准的维护工作。

第六节　《云计算技术金融应用规范》（共三部分）行业标准应用

《云计算技术金融应用规范》包括《云计算技术金融应用规范　技术架构》（JR/T 0166—2020）、《云计算技术金融应用规范　安全技术要求》（JR/T 0167—2020）、《云计算技术金融应用规范　容灾》（JR/T 0168—2020）三项金融行业标准。2020 年 10 月 16 日，《云计算技术金融应用规范》三项金融行业标准由人民银行正式发布。

一、编制背景

2015年1月，国务院发布《关于促进云计算创新发展培育信息产业新业态的意见》（国发〔2015〕5号），指出云计算是推动信息技术能力实现按需供给、促进信息技术和数据资源充分利用的全新业态，是信息化发展的重大变革和必然趋势。2016年7月，中共中央办公厅和国务院办公厅联合印发《国家信息化发展战略纲要》，提出着力构筑移动互联网、云计算、大数据、物联网等领域比较优势。2017年6月，人民银行发布《中国金融业信息技术“十三五”发展规划》，要求研究制定云计算在金融业应用的标准。

2018年，《云计算技术金融应用规范》首次发布并受到社会普遍关注。2020年，人民银行结合标准实施后各方反馈意见以及行业监管需要，秉持标准普适性、前瞻性的原则，对2018年的版本进行了修订。

二、主要内容

《云计算技术金融应用规范　技术架构》（JR/T 0166—2020）基于云计算技术特征，结合金融业云计算平台的主要实现方式，将云计算技术架构自下而上划分为基础硬件资源层、资源抽象控制层、云服务层以及贯穿各层的运维运营管理层，并提出相关技术要求。

《云计算技术金融应用规范　安全技术要求》（JR/T 0167—2020）围绕云计算金融应用潜在风险，在兼容国家和金融行业现有信息系统安全要求基础上，从基本要求、扩展要求和增强要求三个层面分类施策，提出基础硬件安全、资源抽象与控制安全、应用安全、数据安全、安全管理、服务能力和可选组件安全等方面的技术要求。

《云计算技术金融应用规范　容灾》（JR/T 0168—2020）规定了云计算各参与方在衡量云计算平台容灾能力、开展云计算平台灾难恢复工作时应遵循的技术要求。按照系统故障的影响范围、危害程度等将云计算平台容灾能力划分为六个等级，并分别从关键指标、数据备份、数据处理、网络能力、运维能力等方面提出相应技术要求。

《云计算技术金融应用规范》旨在贯彻落实党中央、国务院和行业主管部门有关政策文件要求，规范云计算技术在金融行业的应用，为业界提供最佳实践参考；强化云计算对金融服务的技术支撑，促进金融产品、经营模式、业务流程的改进和变革，提升云计算技术对金融业务连续性和信息安全的保障能力；鼓励基于云计算技术的金融应用创新和监管创新，提升金融服务和监管能力。

三、标准推广与应用

该标准适用于金融领域的云服务提供者、使用者、合作者等，主要通过以下措施推动标准实施。

一是积极开展标准宣传培训工作。2019 年人民银行各分支机构、国内外商业银行、支付机构等单位举办宣讲会，开展标准培训，推动标准实施；2020 年多家云计算技术提供厂商结合新版标准中的技术要求开展了技术交流活动。

二是通过检测认证推动标准落地。2018 年，市场监管总局、人民银行将支付技术产品认证扩展为金融科技产品认证，并确定了《金融科技产品认证目录（第一批）》，制定了《金融科技产品认证规则》。云计算平台为该认证目录的第十一项产品，认证依据为《云计算技术金融应用规范》三项标准。自《金融科技产品认证目录（第一批）》及《金融科技产品认证规则》发布后，云计算平台检测认证工作得到众多云计算服务提供商的重视，有力推动了标准的落地实施。

三是积极推动标准的升级。人民银行于 2019 年对标准进行了修订。新版标准结合金融云的运行机制与风险特性，从基本能力、网络安全、数据保护、运行环境安全、业务连续性保障等方面提出了更具针对性的技术要求，确保金融云在安全性、稳定性、适配性等方面满足监管要求和行业需要，切实防范因云计算技术缺陷引发的风险向金融领域传导。

第七节　《个人金融信息保护技术规范》行业标准应用

2020 年 2 月 13 日，《个人金融信息保护技术规范》（JR/T 0171—2020）金融行业标准由人民银行正式发布。该标准有助于金融业机构强化个人金融信息保护能力，保障金融消费者合法权益。

一、编制背景

随着移动通信技术和互联网金融的快速发展，数据成为科技驱动金融业务创新的桥梁和纽带，个人信息数据被广泛应用于精准营销、客户画像、业务风控等金融业务和科技治理领域。但新技术应用也带来了新的安全威胁和挑战，金融支付安全直接涉及客户信息、个人隐私的保护，甚至影响经济安全和社会稳定。2016 年，人民银行印发《中国人民银行关于进一步加强银行卡风险管理的通知》(银发〔2016〕170 号)，要求金融机构在银行卡等支付场景中加强对用户信息的保护能力。为进一步规范金融机构对个人金融信息的管理，提升金融行业用户信息保护水平，应对数据应用伴生而来的安全问题，人民银行科技司组织开展《个人金融信息保护技术规范》的研制工作。

二、主要内容

《个人金融信息保护技术规范》定义了个人金融信息的范围，明确了个人金融信息保护的基本原则，并从技术和管理两个方面给出了金融业机构强化个人金融信息保护的建设路径。

（一）个人金融信息。包括账户信息、鉴别信息、金融交易信息、个人身份信息、财产信息、借贷信息和其他反映特定个人金融信息主体的相关信息。

（二）个人金融信息分类。根据信息遭到未经授权的查看或未经授权的变更后所产生的影响和危害，将个人金融信息按敏感程度从高到低分为 C3、C2、C1 三个类别。

（三）个人金融信息保护原则。个人金融信息安全保护遵循“权责一致、目的明确、选择同意、最少够用、公开透明、确保安全、主体参与”的原则。

（四）个人金融信息生命周期。围绕收集、传输、存储、使用、删除、销毁 6 个阶段，在生命周期中提出了不同类别数据的保护要求。

三、标准推广与应用

该标准为推荐性金融行业标准，适用于提供金融产品和服务的金融业机构，并为安全评估机构开展安全检查与评估工作提供参考。人民银行科技司会同金标委、人民银行分支机构、中国支付清算协会、中国互联网金融协会等单位，以宣讲会、培训班、研讨会等形式开展标准宣传，加强金融机构和金融消费者对个人金融信息保护的意识。同时，将在金融行业等级保护标准、金融数据安全标准、金融科技创新管理标准中加强了对《个人金融信息保护技术规范》的引用，并在金融科技产品认证工作中，加强《个人金融信息保护技术规范》与移动金融客户端、声纹支付应用、云计算等产品标准的协同应用，通过检测认证手段检验金融产品的个人金融信息保护标准落实情况。

第四章
金融团体标准和企业标准应用

- 《移动金融客户端应用软件安全检测规范》团体标准应用
- 《株洲市个人信用报告自助查询网点服务管理标准》团体标准应用
- 《智能网点服务规范》团体标准应用
- 《绿色信贷基础数据元》团体标准应用
- 《电子保单服务规范》企业标准应用
- 《无锡锡商银行移动金融客户端应用软件安全管理规范》企业标准应用
- 《金融分布式账本技术应用规范》企业标准应用
- 《江苏银行应用程序接口安全管理规范》企业标准应用

第一节　《移动金融客户端应用软件安全检测规范》团体标准应用

2020 年 11 月 20 日，《移动金融客户端应用软件安全检测规范》（T/PCAC 0007—2020）金融团体标准由中国支付清算协会（以下简称协会）正式发布。该标准有助于落实人民银行和国家认监委关于金融科技产品认证工作的要求，有助于协会加强金融科技产品认证工作的自律管理。

一、编制背景

2019 年 9 月，人民银行印发《移动金融客户端应用软件安全管理规范》（JR/T 0092—2019）。2019 年 10 月，市场监管总局、人民银行联合发布《金融科技产品认证目录（第一批）》与《金融科技产品认证规则》，将移动金融客户端纳入国家统一推行的认证制度——金融科技产品认证。

为规范移动金融客户端应用软件安全检测认证管理，确保检测认证实践与金融标准保持一致，协会组织相关单位根据金融行业标准《移动金融客户端应用软件安全管理规范》（JR/T 0092—2019）及《个人金融信息保护技术规范》（JR/T 0171—2020）的相关要求，对《中国金融移动支付　检测规范　第 3 部分：客户端软件》（JR/T 0098. 3—2012）进行修订，起草了《移动金融客户端应用软件安全检测规范》，为后续金融科技产品认证工作提供了依据。

二、主要内容

该标准规定了移动金融客户端应用软件的安全要求，以及客户端应用软件设计、开发、维护和发布的管理要求，明确了检测工作的适用范围、检测依据、各检测项目的、检测方法和通过指标。

（一）移动金融客户端应用软件安全要求

包括身份认证安全、逻辑安全、安全功能设计、密码算法及密钥管理、数据安全等方面。

对于身份认证安全，检查客户端身份认证方式及所采用认证要素的安全性。

对于逻辑安全，检查客户端应用软件安全保障功能的流程设计、业务功能是否存在逻辑漏洞，检查客户端应用软件调试或测试结束后是否及时删除敏感数据。

对于安全功能设计，检查客户端软件使用的系统组件与第三方组件是否存在已知安全问题，包括组件安全、接口安全、抗攻击能力和软件环境检测。

对于密码算法及密钥管理，检查客户端应用软件是否使用密码算法对资金有关交易或重要业务操作进行保护，检查客户端应用软件使用的密码算法、密钥长度及密钥管理方式是否符合国家密码主管部门的要求。

对于数据安全，检查数据获取、访问控制、数据传输、数据存储、数据展示和数据销毁是否符合检测规范。

（二）移动金融客户端应用软件管理要求

明确了移动金融客户端应用软件在设计、开发、发布和维护方面的检测要求。

对于设计要求，检查客户端应用软件是否具有指导客户端应用软件设计与开发的总体方案；是否提供易用、风格统一、体验良好的用户界面；对个人金融信息的收集和个人信息修改是否符合要求；采用的智能语音交互技术是否满足相关要求。

对于开发要求，检查开发过程是否遵守规范的开发流程、项目管理流程和编码安全规范；是否通过测试发现开发环境中可能存在的漏洞；是否有完整的、可追溯的描述文档等。

对于发布要求，检查发布过程是否遵守规范的上线发布流程；检查应用软件的上线、发布、安装、更新过程中是否有合规的安全保护机制。

对于维护要求，检查客户端应用软件运维是否遵守规范的日常运维流程；检查客户端应用软件版本升级、卸载清除等过程中是否有合规的的安全保护机制。

三、标准推广与应用

该标准的推广，对移动金融客户端应用软件的安全管理具有重要的意义，能有效指导客户端应用软件设计、开发、维护和发布的管理流程，同时该标准作为检测认证机构对相关产品、应用系统进行安全性、行业标准符合性测试及认证依据，能够确保金融科技产品技术创新安全可控。

第二节　《株洲市个人信用报告自助查询网点服务管理标准》团体标准应用

2020 年 9 月 1 日，《株洲市个人信用报告自助查询网点服务管理标准》(T/ZZFS 001—2020）金融团体标准由湖南省株洲市金融学会正式发布。该标准促进了株洲辖内 32 家信用报告自助查询网点服务管理标准化，进一步提升了个人征信窗口的服务能力和群众的金融服务获得感。

一、编制背景

征信服务是人民银行面向社会的服务窗口，为方便服务广大市民，各地人民银行均依托金融机构建立了一批个人信用报告自助查询服务网点，但各网点服务质量不一、报告解读不规范、网点标识不明确、秩序混乱、服务中断等现象时有发生。针对征信窗口服务中与群众密切相关、反映较多的问题，株洲市金融学会牵头成立团体标准建设工作小组，对征信服务窗口的现状进行了全面调研，充分吸收服务工作较好的网点做法，在此基础上进行提炼完善，制定并发布了该标准。

二、主要内容

该标准内容共包括范围、术语和定义、总体目标、自助查询网点布设、自助查询网点服务、自助查询网点安全监督、自助查询网点评价指标、自助查询网点的退出机制等 8 个部分。

该标准规定了个人信用报告自助查询网点的布设、运行、维护、监督管理、年度考核和退出机制等方面的要求，从环境要求、服务理念、服务内容、服务标准等方面全面规范了株洲辖内个人信用报告自助查询网点窗口服务，有助于实现服务设施功能齐全、业务操作公开透明、服务行为统一规范的高标准征信服务，适用于株洲辖内人民银行自设的个人信用报告自助查询网点和承担代理服务的金融机构个人信用报告自助查询网点。

三、标准推广和应用

该标准由株洲市金融学会联合人民银行株洲市中心支行及10家金融机构共同研制。对照标准规范，株洲辖内32家个人信用报告自助查询网点全面优化了基础环境条件，梳理了征信业务的各项规章制度，查找出业务环节存在的问题隐患，并及时落实整改。标准发布实施后，当年新增的金融机构个人信用报告自助查询网点全部按该标准建设，通过达标验收后方可开展业务。通过标准化的科学管理，株洲辖内个人征信窗口服务呈现出“标准化、严制度、守规矩”的良好工作局面，全年没有发生信息泄露、非法倒卖等个人信用信息风险安全事件，窗口服务质量明显优化，社会公众满意度明显提高。

下一步，株洲市金融学会将联合人民银行株洲市中心支行根据标准应用过程中的实际情况，进一步对标准进行修订或微调，并积极向省级金融学会推介，争取将该标准在全省范围内推广应用。

第三节 《智能网点服务规范》团体标准应用

2020年6月22日，《智能网点服务规范》(T/SFBS 001—2020）金融团体标准由苏州市金融学会正式发布。该标准规范了智能网点服务要求，为苏州银行业开展智能网点建设和运营提供了参考，为金融科技标准化发展提供了助力。

一、编制背景

随着金融科技的发展，银行网点智能化已经日益普及，苏州市商业银行持续推进智能网点建设，越来越多的业务由线下转为自助办理甚至线上办理，为客户带来便利的同时也对银行服务质量提出了新的挑战。各银行机构在智能网点建设和日常运营上存在差异，设备配置、管理要求和服务水平不统一，导致用户特别是老年和残障用户体验感较差。如何合理布设智能设备，保护客户财产与隐私安全成为亟待解决的问题。

为规范银行智能网点服务，保障人民群众合法权益，落实金融服务主体责任，苏州市金融学会联合辖内多家商业银行共同研究制定了《智能网点服务规范》。

二、主要内容

《智能网点服务规范》参考了现行有效的银行营业网点基本服务要求与安全防范、信息安全规范等相关国家标准和行业标准，适用于智能网点的运维服务评估与自评估。内容主要包括范围、规范性引用文件、术语和定义、服务环境、业务管理、设备管理、消费者权益保护和附录 8 个部分。

该标准从服务环境、业务管理、设备管理 3 个方面对银行智能网点服务提出了 16 项一般要求，并细化了消费者权益保护框架。在服务环境方面，对网点物理环境、硬件设施配置、咨询服务引导响应、智能设备安全防护等均作出详细规定。在业务管理方面，规范了客户自助业务、客户自助+人工业务办理流程，对业务管理涉及的核算要素管理、审核人员资质管理等提出基本要求，并对未成年人开户进行了特别要求。在设备管理方面，对硬件设备归属、网点定期巡检、报废设备回收处置等提出要求。此外，该标准结合了金融消费者权益保护的要求，规定了个人信息安全保护、客户权益保障、投诉处理流程等内容，明确不得歧视老年和残障用户，要耐心引导并提供便利化服务。

三、标准推广与应用

《智能网点服务规范》由苏州市金融学会牵头，辖内中国工商银行苏州分行、交通银行苏州分行、浦发银行苏州分行、常熟农商银行等多家机构共同研究制定。苏州市金融学会在《智能网点服务规范》公开发布后，结合国务院关于切实解决老年人运用智能技术困难的要求，组织辖内金融机构召开标准实施动员会，明确智能网点建设运营要求，推动金融机构遵循该标准建设运营智能网点。

在后续工作中，苏州市金融学会将持续关注市场创新需求，了解掌握标准推广情况，广泛听取同业意见，及时对标准进行更新完善，发挥标准在金融服务中惠民利企的作用。

第四节 《绿色信贷基础数据元》团体标准应用

2020 年 9 月 9 日，《绿色信贷基础数据元》（T/CQJR 002—2020）金融团体标准由重庆市金融学会正式发布。该标准规范了重庆市绿色信贷领域数据定义、描述要求和格式要求，提升了数据质量，促进了绿色信贷规范、高质量发展。

一、编制背景

2019 年，习近平总书记在重庆视察时提出要“在推进长江经济带绿色发展中发挥示范作用”。为贯彻落实习近平总书记讲话精神，进一步发挥重庆市区位优势，深入开展长江经济带绿色金融改革综合试验，建设长江经济带绿色金融改革试验区，重庆市制定了《重庆市建设长江经济带绿色金融改革创新试验区总体方案》，其中，打造长江经济带绿色金融大数据综合服务平台是主要任务之一。为使绿色金融大数据综合服务平台数据格式标准化、规范化，具备更好的互联互通性，有必要制定一个基础的数据标准规范。

二、主要内容

《绿色信贷基础数据元》包括范围、术语和定义、数据元表示要求、数据元目录 4 部分及 4 个规范性附录。该标准规定了绿色信贷业务涉及的数据元标记、名称、说明及相关内容，适用于绿色信贷主要业务流程中的数据表达、交换、共享和应用。

《绿色信贷基础数据元》充分考虑到绿色金融大数据综合服务平台的业务需求，使标准具有良好的实用性和可操作性。标准共包括 19 个基础数据元，每个数据元包括 5 个基本属性值，并对绿色信贷发生的区域信息、行业信息、信贷用途等数据元的取值范围进行了标准化规范。

三、标准推广与应用

《绿色信贷基础数据元》发布后，立即在“长江绿融通”——重庆市绿色金融大数据服务平台中应用实施，提高了平台数据质量。平台上线以来，已按标准收录企业 800 余家，并为融资对接提供通道，截至 2020 年 12 月底，已累计为对接企业融资超过 1000 亿元。下一步，重庆市金融学会将及时开展标准实施情况的跟踪调查，并根据绿色金融发展要求，定期对标准进行复审修订，保持金融团体标准活力。

第五节　《电子保单服务规范》企业标准应用

2020年10月24日，《电子保单服务规范》(Q/PICC 010—2020) 企业标准由中国人民财产保险股份有限公司（以下简称人保财险）正式发布。该标准对人保财险电子保单业务客户服务、电子单证和信息安全等进行规范统一，有助于业务数字化、线上化发展，提升业务服务质量。

一、编制背景

在“互联网+”形势下，保险公司生产运营和客户服务逐步向数字化、线上化发展，电子保单是公司数字化、线上化转型发展的重要载体。电子保单服务涉及公司电子单证、客户服务、信息安全等重要管理环节，通过标准化手段对相关服务管理要求和行为进行规范，为客户提供便捷、高效、安全的高品质服务，对人保财险推进营销模式变革、服务模式变革、商业模式变革具有重要意义。

二、主要内容

人保财险根据《信息安全管理体系要求》(GB/T 22080—2016)、《保险业信息系统运行维护工作规范》(JR/T 0079—2013)、《保险电子签名技术应用规范》(JR/T 0161—2018)、《电子保单业务规范》(JR/T 0174—2019) 等相关国家和行业标准，结合公司电子保单业务实际，制定了《电子保单服务规范》企业标准。

该标准包括总则、客户服务、电子单证、技术体系、系统架构、安全管理共6个部分。总则部分主要规范电子保单服务的相关术语和总体规范性要求。客户服务部分规范了客户接触界面、服务内容、服务时限、服务礼仪、服务质量保障等方面的规范要求，指导开展电子保单业务咨询、承保、理赔、投诉等客户服务活动。电子单证部分明确了电子保单业务单证的制单条件、版式、存储、归档等规范要求。技术体系、系统架构、安全管理等部分分别规范了电子保单系统的技术体系、技术架构标准和安全管理要求，提高电子保单业务生产系统的先进性、稳定性和安全性。

三、标准推广和应用

为推进《电子保单服务规范》企业标准的落地实施，标准发布后，人保财险积极开展标准的宣讲指导工作，要求各部门、各分支机构对照标准要求执行，加强电子保单业务系统建设和实务管理。

2020 年，人保财险为客户提供或生成电子保单近 2 亿件，较 2019 年增加 50%以上。面对疫情，积极打造线上零接触服务模式，可在线快速为客户提供询价、投保、消费、售后、续保以及电子保单查询、生成、下载等服务，实现 7×24 小时高品质在线客服，客户服务满意度达 99%以上。

下一步，人保财险将贯彻新发展理念，践行集团“卓越保险战略”，坚持以服务人民为中心，构建公司标准化建设发展新格局，不断丰富完善公司产品服务标准体系，提升保险供给质量与效率，增强人民群众的获得感、幸福感、安全感，提升保险服务温度。

第六节 《无锡锡商银行移动金融客户端应用软件安全管理规范》企业标准应用

2020 年 9 月 1 日，《无锡锡商银行移动金融客户端应用软件安全管理规范》（Q/WXS-BANK 1002—2020）企业标准由无锡锡商银行正式发布。该标准规范了无锡锡商银行客户端应用软件安全防护和金融信息保护要求，以提高移动金融客户端的整体安全性。

一、编制背景

随着移动金融的迅猛发展，移动金融客户端应用软件安全防护和金融信息保护等工作也面临更高的要求。根据《中国人民银行关于发布金融行业标准　加强移动金融客户端应用软件安全管理的通知》（银发〔2019〕237 号）要求，针对新技术、新需求的出现，开展企业标准制定工作十分必要。为满足客户端软件设计、开发、发布、维护等环节的安全管理，构建覆盖全生命周期的管理机制，落实个人金融信息保护措施，无锡锡商银行前瞻布局、统筹规划，制定了《无锡锡商银行移动金融客户端应用软件安全管理规范》，以期为企业移动金融客户端应用软件提出规范化要求，并为移动金融发展提供实践参考。

二、主要内容

无锡锡商银行根据《移动金融客户端应用软件安全管理规范》(JR/T 0092—2019)、《个人金融信息保护技术规范》(JR/T 0171—2020) 等相关标准，结合《无锡锡商银行股份有限公司应用系统项目开发管理办法》《无锡锡商银行股份有限公司客户信息保护管理办法》《无锡锡商银行股份有限公司信息系统投产管理办法》等行内相关要求及探索实践基础上，制定了《无锡锡商银行移动金融客户端应用软件安全管理规范》企业标准。

该标准主要内容包括移动金融客户端应用软件的基本安全要求、管理要求、安全性要求、技术先进性要求和技术前瞻性要求 5 个方面。对移动金融客户端应用软件的设计、开发、维护及发布过程的安全管理要求进行了规范；对个人金融信息保护提出了具体的要求和措施；对系统兼容性、后台服务器响应时间、不同设备上客户端应用软件冷启动时间、CPU 和内存占用率等指标进行了量化；对无感身份认证、智能风控、大数据分析等技术应用创新进行了预研；对指纹、人脸和声纹特征识别提出了技术指标要求。

三、标准推广与应用

2020 年 9 月，无锡锡商银行正式发布《无锡锡商银行移动金融客户端应用软件安全管理规范》，同期开展全行教育指导和企业标准化培训，全面推动标准实施。组织移动金融客户端应用软件相关人员认真学习标准内容，在客户端应用软件设计、开发、维护及发布等环节对标实施，严格落实标准，强化督导检查，确保执行到位。

无锡锡商银行现已完成国产密码算法改造，全部采用自主可控的国产密码算法，并按照标准进一步推动个人信息管理措施落实，实现数字脱敏方法要求规范化，保障用户个人金融信息安全。截至 2020 年底，无锡锡商银行移动金融客户端没有出现个人金融信息泄露事故及重大缺陷。相关智能风控系统应用反欺诈识别和大数据分析技术，累计拦截近 1000 次高风险交易请求。

下一步，无锡锡商银行将坚持“普惠金融、八方共赢”的理念，继续以个人金融信息保护为重点，加强大数据、人工智能等新兴技术应用，强化移动金融安全可控能力，提高对用户金融信息安全的保障，着力满足特殊群体对移动金融业务的需要，打造具有物联网金融特色的科技型银行。

第七节 《金融分布式账本技术应用规范》企业标准应用

2020年10月19日，《金融分布式账本技术应用规范》（Q/0755—WEBANK—02—2020）企业标准由微众银行正式发布。该标准规范了微众银行金融分布式账本技术的应用，提升了分布式账本技术的信息安全保障能力。

一、编制背景

近年来，多方合作的分布式商业需求逐渐扩大，区块链和分布式账本技术因具有其较好的对等共识、可信溯源、智能处理事务等技术特性，可帮助金融服务有效提升效率，加强信任传递，同时降低风险和成本，因此逐渐被业界广泛认可和应用。微众银行高度重视技术标准在统一认识、规范和指导技术的选择与应用中发挥的作用，一直积极参与制定区块链和分布式账本技术相关的国际、国家、行业和团体标准。国际标准方面，微众银行积极参与了ISO/TC 307区块链和分布式账本标委会的系列标准和IEEE P2418.2《区块链数据格式规范》的制定；国家标准方面，微众银行正在参与国家标准《信息技术 区块链和分布式账本技术 参考架构》的制定；在金融行业标准方面，微众银行参与制定了《金融分布式账本技术安全规范》（JR/T 0184—2020）和《区块链技术金融应用 评估规则》（JR/T 0193—2020）；同时，微众银行还完成了十余项区块链和分布式账本技术相关的团体标准。为确保分布式账本技术在行内的应用也形成统一性规范，微众银行特此制定了《金融分布式账本技术应用规范》企业标准。

二、主要内容

微众银行在《信息安全技术 网络安全等级保护基本要求》（GB/T 22239—2019）、《信息安全技术 个人信息安全规范》（GB/T 35273—2020）、《金融分布式账本技术安全规范》(JR/T 0184—2020)等相关标准的基础上，结合《金融科技(FinTech)发展规划(2019—2021年)》的相关要求，制订了《金融分布式账本技术应用规范》企业标准。该标准规定了金融分布式账本技术的一系列应用规范，包括基本安全规范、访问控制安全规范、监管运维安全规范、基础环境安全规范、性能规范、扩展性规范、易用性规范、可靠性规范等方面。

其中，基本安全规范涵盖了节点通信安全、账本数据安全、共识协议安全和智能合约安全规范4个部分；访问控制安全规范涵盖了身份管理安全、隐私保护、密码算法规范3个部分；监管运维安全规范涵盖了监管支撑安全、运维安全、治理机制安全规范3个部分；基础环境安全规范涵盖了基础环境安全的基本要求、基础硬件、软件规范3个部分；性能规范涵盖了原生交易数、实际交易数、共识速度、查询速度和存储消耗5个部分；扩展性规范涵盖了支持共识协议数、支持编程语言数、支持节点扩展等11个部分；易用性规范涵盖了节点搭建、扩容、升级、删除和增加等8个部分；可靠性规范涵盖了系统可用性、容错率、节点宕机恢复时间3个部分。

三、标准推广与应用

2020年10月，微众银行在行内正式发布《金融分布式账本技术应用规范》，随后将该标准在全国企业标准信息公共服务平台上公开，并同步推动该标准的贯彻实施。该标准也得到全行区块链技术、业务和运营相关部门的全力支持，不仅严格执行标准所规定的各项内容，还根据具体的项目或产品要求加以优化和完善。

截至2020年底，微众银行已在自主研发并开源的区块链和分布式账本技术底层平台FISCO BCOS中，实体身份标识和可信数据交换、隐私保护、跨链协作、事件驱动、数据治理等技术解决方案中，以及典型的分布式账本技术应用如机构间对账、供应链金融服务、跨境健康码互认等平台中，全面贯彻了该标准的要求。

下一步，微众银行将继续积极践行“以标准指引实践，以实践反哺标准”的标准化策略，进一步提升金融产品的服务质量，保护金融消费者权益，支持防范化解系统性金融风险，助力金融业高质量发展。

第八节 《江苏银行应用程序接口安全管理规范》企业标准应用

2020 年 9 月 20 日，《江苏银行应用程序接口安全管理规范》（Q/JSB 0003—2020）企业标准由江苏银行正式发布。该标准规范了江苏银行对外部客户提供应用程序接口服务时所需遵守的安全要求，用以指导从事或参与江苏银行应用程序接口服务的部门、集成应用方开展相关工作。

一、编制背景

近年来，江苏银行致力于打造最具互联网大数据基因的银行，和外部合作日趋紧密。同时，伴随开放银行概念的日趋升温，与外部应用对接接口数量越来越多，一些面向互联网环境的应用程序接口的安全性要求也日趋严格，应用程序接口平台化、规范化管理的要求日渐迫切。为进一步提升应用程序接口对外服务能力和安全性，推动开放银行服务平台化建设，江苏银行制定了适合自身应用程序接口的安全管理规范，在应用程序接口的类型与安全级别、安全设计、安全部署、安全集成、安全运维、安全管理、创新及前瞻性、实施保障等方面提出相应要求，用于指导相关实施方。

二、主要内容

江苏银行在《信息安全技术 网络安全等级保护测评要求》（GB/T 28448—2019）、《信息安全技术 网络安全等级保护基本要求》（GB/T 22239—2019）、《信息安全技术 个人信息安全规范》（GB/T 35273—2017）、《商业银行应用程序接口安全管理规范》（JR/T 0185—2020）、《个人金融信息保护技术规范》（JR/T 0171—2020）、《移动金融客户端应用软件安全管理规范》（JR/T 0092—2019）、《中国金融移动支付 支付标记化技术规范》（JR/T 0149—2016）等相关标准的基础上，制订了《江苏银行应用程序接口安全管理规范》企业标准。该标准兼顾了现行的国家标准、行业标准，内容主要包括应用程序接口的类型与安全级别、安全设计、安全部署、安全集成、安全运维、服务终止与系统下线、安全管理、创新及前瞻性、实施保障 9 个方面。对应用程序接口的类型和级别、接口设计阶段的身份认证/接口认证/加密算法、部署架构的各类安全防护设备、接口集成阶段的应用方核准/接入控制/安全运行、运维阶段的各类指标监控及异常监测、接口终止及下线等内容进行了规范，覆盖了应用程序接口从设计、部署、运维到终止的全生命周期；其次在应用程序接口的创新方面也提出了相应要求，借助一些创新技术完善对应用程序接口的管理；最后对应用程序接口管理制度上的相关要求提出规范，对组织保障、管理制度、宣传及实施、安全监测与评估等进行了明确。

三、标准推广与应用

2020 年，江苏银行将该标准在全国企业标准信息公共服务平台公开并推动标准实施。一是通过多种渠道宣传标准，扩大受众范围，开展企业标准化培训，组织应用程序接口对接的相关人员认真学习标准内容，在应用程序接口的设计、开发、测试、投产、生产运营、业务管理及运维保障等环节开展对标，严格遵守和落实标准要求，并进行督促检查，确保标准执行取得成效；二是不断推进应用程序接口系统平台化，致力于打造开放银行平台化服务体系，夯实技术支撑平台基础；三是不断加强信息系统的安全管理和应急处置能力，提高系统的稳定性和可用性，提升业务连续性水平。

下一步，江苏银行将继续完善和修订《江苏银行应用程序接口安全管理规范》企业标准，深化同业交流，取长补短，不断提高该标准的全面性、有效性和前瞻性。充分发挥标准在应用程序接口技术发展及应用方面的规范引领作用，为外部客户持续提供更安全、优质、高效的金融服务。

第五章

2021 年金融标准化工作展望

2021 年是中国共产党成立一百周年，是实施“十四五”规划、开启全面建设社会主义现代化国家新征程的第一年。金融标准化工作要继续坚持以习近平新时代中国特色社会主义思想为指导，全面贯彻党的十九届五中全会和中央经济工作会议精神，立足新发展阶段，完整、准确、全面贯彻新发展理念，主动融入新发展格局，助力金融业高质量发展。

一、强化金融标准化顶层设计

科学制定金融标准化“十四五”发展规划，做好未来五年金融标准化工作的顶层设计。建立健全与金融治理体系和治理能力现代化相适配的新型金融标准体系，统筹推进金融国家标准、行业标准和团体标准、企业标准的协调发展。支持相关金融法律法规和政策引用金融国家标准、行业标准，规范发展金融团体标准，推动金融企业标准创新发展。优化金融行业标准发布模式，完善金融标准化工作机制。

二、推进金融标准供给

加快推进《人民币现金机具鉴别能力技术规范》《银行卡受理终端基本安全要求》等强制性国家标准制定，实现金融强制性标准零的突破。聚焦新兴领域与重点领域开展推荐性国家标准、行业标准制定。依托“金融风险防控关键技术标准研究”国家科技重点项目（NQI），加快金融机构风险管理等风险防控国家标准研制。推动绿色债券信用评级规范等绿色金融标准制定。研制金融业生僻字处理指南等普惠金融标准制定。推动供应链票据、供应链平台接口等标准化，加快产业链供应链金融标准制定。组织制定人工智能金融应用算法评价规范等金融科技行业标准。加快金融数据标准化，支持金融数据资源的开发利用和开放共享。发布数字函证金融应用安全规范和数字函证银行应用数据规范。引导金融机构规范参与金融团体标准研制，强化金融团体标准监督管理。引入企业标准化良好行为评价机制，引领更多金融机构及相关机构建立企业标准体系。

三、抓好金融标准实施

推动银行、支付机构落实《中国人民银行金融消费者权益保护实施办法》中标准化要求，向金融消费者披露产品或者服务所执行的标准编号和名称。持续开展金融标准实施评估，支持金融机构结合自身特色及需求针对性地开展标准化工作。建立健全标准、检测、认证技术链条，发挥检测认证推进标准落地实施的作用。持续开展“金融标准为民利企”主题活动，突出金融标准化在助力“我为群众办实事”实践活动、落实疫情防控要求、增强金融普惠性、加快金融业数字化转型、健全金融机构公司治理、支持金融业双向开放等方面的作用。总结推广重庆市、浙江省金融标准创新建设试点经验，面向成渝双城经济圈等扩大试点范围，支持国家重大区域发展战略实施。持续开展金融领域企业标准“领跑者”活动，培育一批金融领域企业标准“领跑者”。

四、提升金融标准国际化水平

组织落实《全球法人识别编码应用实施路线图（2020—2022 年）》，推动跨境法人数字化身份识别试点和跨境支付领域金融数据交换标准应用试点，建设跨境法人信息服务和数字认证平台，提升我国 LEI 本地系统可持续运营水平。深入参与 ISO/TC 68 和 TC 322 相关工作，推动《第三方支付服务信息系统的安全目的》国际标准、《可持续金融通用术语集》国际技术报告发布。加大对国际电信联盟、电气和电子工程师协会等其他国际标准组织的参与力度。

加强国际金融标准双向转化，加快《表示货币的代码》等 22 项 ISO 标准采标为国家标准，推动国际衍生品编码技术指南等采标为金融行业标准。形成银行营业网点服务国家标准的英语、老挝语、缅甸语外文版，推动人民币现金机具鉴别能力技术规范、证券期货业电子化信息披露规范体系、保险术语等金融国家标准的外文版制定。深化与“一带一路”沿线国家金融标准交流，推进我国优秀金融标准在“一带一路”沿线国家应用。加强中国金融业通用报文库在国内的应用推广，开展应用试点，完成新建报文开发和存量报文映射研究，建立健全报文库管理体系。

五、夯实金融标准化基础

成立并运行金融标准化专业机构。完成 2020 年度金融标准化重点课题研究。推进金融标准化基础能力建设，搭建金融标准化宣传教育平台，建立金融标准化人才库。不断健全金融国家标准和行业标准的全生命周期管理，做好金标委分委会、工作组、委员和专家的管理与服务。完成保险分委会、证券分委会换届，在金融信息技术创新等领域设立专项工作组。强化分委会和专项工作组的考核评估。

附 录

- 2020 年中国金融标准化大事记
- 2020 年发布、在建金融标准一览表
- ISO/TC 68 及 ISO/TC 222 已发布标准一览表

附录 A　2020 年中国金融标准化大事记

2020 年 1 月 17 日，《银行业集中营运规范》(JR/T 0173—2020) 金融行业标准由中国人民银行正式发布。

2020 年 2 月 5 日，《金融分布式账本技术安全规范》(JR/T 0184—2020) 金融行业标准由中国人民银行正式发布。

2020 年 2 月 13 日，《个人金融信息保护技术规范》(JR/T 0171—2020)、《商业银行应用程序接口安全管理规范》(JR/T 0185—2020) 2 项金融行业标准由中国人民银行正式发布。

2020 年 2 月 26 日，《证券期货业投资者权益相关数据的内容和格式　第 1 部分：证券》(JR/T 0177. 1—2020)、《证券期货业投资者权益相关数据的内容和格式　第 2 部分：期货》(JR/T 0177. 2—2020)、《证券期货业投资者权益相关数据的内容和格式　第 3 部分：基金》(JR/T 0177. 3—2020)、《期货合约要素》(JR/T 0181—2020)、《轻量级实时 STEP 消息传输协议》(JR/T 0182—2020)、《证券期货业投资者识别码》(JR/T 0183—2020) 6 项金融行业标准由中国证券监督管理委员会正式发布。

2020 年 4 月 22 日至 24 日，全球法人识别编码（LEI）体系监管委员会执行委员会召开远程会议，中国人民银行科技司二级巡视员杨富玉参加会议。

2020 年 4 月 27 日，中国人民银行科技司二级巡视员杨富玉受邀与全球法人识别编码基金会（GLEIF）主席 Steven A. Joachim 召开远程交流会议。

2020 年 5 月 12 日，ISO 20022 注册管理组（RMG）召开远程年度工作会议，中国人民银行科技司等单位派员参会。

2020 年 5 月 19 日，金标委银行间市场技术标准工作组召开 2020 年远程工作会议，会议由工作组组长单位跨境银行间支付清算有限责任公司主办，中国人民银行科技司二级巡视员、金标委秘书长杨富玉出席会议并讲话。

2020 年 6 月 12 日，中国互联网金融协会组织召开“金融标准化战略与规划”研讨暨金标委互联网金融标准工作组 2020 年第一次远程工作会议，中国互联网金融协会会长李东荣出席会议并讲话，中国人民银行科技司二级巡视员、金标委秘书长杨富玉参加会议并致辞。

2020年6月22日至7月3日，国际电信联盟电信标准化部门（ITU-T）第十六研究组（SG16）远程召开全体会议，会议通过人民银行数字货币研究所牵头提出的国际标准《金融分布式账本技术应用指南》（*Financial Distributed Ledger Technology Application Guideline*）立项。

2020年7月10日，《证券期货业软件测试指南　软件安全测试》（JR/T 0191—2020）、《证券期货业移动互联网应用程序安全规范》（JR/T 0192—2020）、《证券期货业与银行间业务数据交换协议　第1部分：三方存管、银期转账和结售汇业务》（JR/T 0046.1—2020）3项金融行业标准由中国证券监督管理委员会正式发布。

2020年7月10日，《区块链技术金融应用　评估规则》（JR/T 0193—2020）金融行业标准由中国人民银行正式发布。

2020年9月，中国专家召集制定的首项金融国际标准ISO 21586:2020《金融服务参考数据　银行产品服务描述规范（BPoS）》由国际标准化组织（ISO）正式发布。

2020年9月10日至11日，全球法人识别编码（LEI）体系监管委员会召开远程会议，中国人民银行科技司二级巡视员杨富玉参会。

2020年9月15日，中国人民银行发布《中国人民银行金融消费者权益保护实施办法》（中国人民银行令〔2020〕第5号），要求银行、支付机构应当依据金融产品或者服务的特性，及时、真实、准确、全面地向金融消费者披露对该金融产品或者服务所执行的强制性标准、推荐性标准、团体标准或者企业标准的编号和名称。

2020年9月21日至25日，国际标准化组织金融服务技术委员会（ISO/TC 68）召开远程工作会议，中国人民银行科技司二级巡视员、金标委秘书长杨富玉参会并发言。

2020年9月23日，《金融数据安全　数据安全分级指南》（JR/T 0197—2020）金融行业标准由中国人民银行正式发布。

2020年10月16日，《云计算技术金融应用规范　技术架构》（JR/T 0166—2020）、《云计算技术金融应用规范　安全技术要求》（JR/T 0167—2020）、《云计算技术金融应用规范　容灾》（JR/T 0168—2020）3项金融行业标准由中国人民银行正式发布。

2020年10月21日，《金融科技创新应用测试规范》（JR/T 0198—2020）、《金融科技创新安全通用规范》(JR/T 0199—2020)、《金融科技创新风险监控规范》(JR/T 0200—2020)3项金融行业标准由中国人民银行正式发布。

2020年10月22日，《金融科技发展指标》(JR/T 0201—2020)金融行业标准由中国人民银行正式发布。

2020年10月25日，中国人民银行南宁中支与柬埔寨国家银行代表团开展线上会谈，双方就开展金融标准化合作等议题进行深入交流。

2020年10月29日至30日，全球法人识别编码(LEI)体系执行委员会召开远程会议，中国人民银行科技司二级巡视员杨富玉参会。

2020年11月11日，《金融行业网络安全等级保护实施指引》(JR/T 0071—2020)、《金融行业网络安全等级保护测评指南》(JR/T 0072—2020)2项金融行业标准由中国人民银行正式发布。

2020年11月12日至13日，金标委证券分委会在苏州召开证券期货业标准化知识培训班和标准宣传培训会。

2020年11月19日，中国人民银行科技司组织召开国有大型商业银行企业标准化工作交流推进会，工商银行、农业银行、中国银行、建设银行、交通银行及邮储银行有关部门负责人参会，中国人民银行科技司二级巡视员、金标委秘书长杨富玉主持会议。

2020年11月24日，《多方安全计算金融应用技术规范》(JR/T 0196—2020)金融行业标准由中国人民银行正式发布。

2020年11月26日，《分布式数据库技术金融应用规范 技术架构》(JR/T 0203—2020)、《分布式数据库技术金融应用规范 安全技术要求》(JR/T 0204—2020)、《分布式数据库技术金融应用规范 灾难恢复要求》(JR/T 0205—2020)3项金融行业标准由中国人民银行正式发布。

2020年11月30日，金标委召开2020年工作会议暨第四届委员会第四次全体会议。中国人民银行副行长、金标委主任委员范一飞，国家市场监督管理总局副局长、国家标准化管理委员会主任田世宏出席会议并讲话，金标委轮值副主任委员单位中国建设银行田国立董事长发言。

2020年12月3日，《基于大数据的支付风险智能防控技术规范》(JR/T 0202—2020)金融行业标准由中国人民银行正式发布。

2020 年 12 月 4 日，国际标准化组织可持续金融技术委员会（ISO/TC 322）远程召开第三次全体会议，我国代表参会。

2020 年 12 月 10 日，《现金类自助终端视频集中监控技术规范》（JR/T 0186—2020）、《银行非现金自助服务终端设备技术规范》（JR/T 0187—2020）、《银行业电话外拨服务规范》（JR/T 0188—2020）3 项金融行业标准由中国人民银行正式发布。

2020 年 12 月 14 日，《开放式基金业务数据交换协议》（GB/T 39595—2020）、《证券投资基金编码规范》（GB/T 39596—2020）、《证券及相关金融工具　金融工具短名（FISN）》（GB/T 39601—2020）、《基金行业数据集中备份接口规范》（GB/T 39662—2020）4 项金融国家标准由国家市场监督管理总局、国家标准化管理委员会正式发布。

2020 年 12 月 23 日，《证券交易数据交换协议》（JR/T 0022—2020）、《资本市场场外产品信息数据接口》（JR/T 0190—2020）2 项金融行业标准由中国证券监督管理委员会正式发布。

2020 年 12 月 23 日，金标委金融国际标准跟踪研究工作组召开 2020 年远程工作会议。会议由工作组组长单位中国金融电子化公司主办，中国人民银行科技司二级巡视员、金标委秘书长杨富玉出席会议并讲话。

2020 年 12 月 24 日至 25 日，人民银行、银保监会、证监会、国家标准委相关部门召开远程会议，开展重庆市、浙江省金融标准创新建设试点终期验收。

附录 B 2020 年发布、在建金融标准一览表

一、发布金融标准一览表（截至 2020 年 12 月 31 日）

序号	行业标准编号	标准名称	标准类别
1	GB/T 39595—2020	开放式基金业务数据交换协议	国标
2	GB/T 39596—2020	证券投资基金编码规范	国标
3	GB/T 39601—2020	证券及相关金融工具 金融工具短名（FISN）	国标
4	GB/T 39662—2020	基金行业数据集中备份接口规范	国标
5	JR/T 0173—2020	银行业集中营运规范	行标
6	JR/T 0184—2020	金融分布式账本技术安全规范	行标
7	JR/T 0068—2020	网上银行系统信息安全通用规范	行标
8	JR/T 0171—2020	个人金融信息保护技术规范	行标
9	JR/T 0185—2020	商业银行应用程序接口安全管理规范	行标
10	JR/T 0181—2020	期货合约要素	行标
11	JR/T 0182—2020	轻量级实时 STEP 消息传输协议	行标
12	JR/T 0177. 1—2020	证券期货业投资者权益相关数据的内容和格式 第 1 部分：证券	行标
13	JR/T 0177. 2—2020	证券期货业投资者权益相关数据的内容和格式 第 2 部分：期货	行标
14	JR/T 0177. 3—2020	证券期货业投资者权益相关数据的内容和格式 第 3 部分：基金	行标
15	JR/T 0183—2020	证券期货业投资者识别码	行标
16	JR/T 0052—2020	银行卡卡片规范	行标
17	JR/T 0193—2020	区块链技术金融应用 评估规则	行标
18	JR/T 0191—2020	证券期货业软件测试指南 软件安全测试	行标
19	JR/T 0192—2020	证券期货业移动互联网应用程序安全规范	行标
20	JR/T 0046. 1—2020	证券期货业与银行间业务数据交换协议 第 1 部分：三方存管、银期转账和结售汇业务	行标

续表

序号	行业标准编号	标准名称	标准类别
21	JR/T 0197—2020	金融数据安全　数据安全分级指南	行标
22	JR/T 0166—2020	云计算技术金融应用规范　技术架构	行标
23	JR/T 0167—2020	云计算技术金融应用规范　安全技术要求	行标
24	JR/T 0168—2020	云计算技术金融应用规范　容灾	行标
25	JR/T 0198—2020	金融科技创新应用测试规范	行标
26	JR/T 0199—2020	金融科技创新安全通用规范	行标
27	JR/T 0200—2020	金融科技创新风险监控规范	行标
28	JR/T 0201—2020	金融科技发展指标	行标
29	JR/T 0071. 1—2020	金融行业网络安全等级保护实施指引　第 1 部分：基础和术语	行标
30	JR/T 0071. 2—2020	金融行业网络安全等级保护实施指引　第 2 部分：基本要求	行标
31	JR/T 0071. 3—2020	金融行业网络安全等级保护实施指引　第 3 部分：岗位能力要求和评价指引	行标
32	JR/T 0071. 4—2020	金融行业网络安全等级保护实施指引　第 4 部分：培训指引	行标
33	JR/T 0071. 5—2020	金融行业网络安全等级保护实施指引　第 5 部分：审计要求	行标
34	JR/T 0071. 6—2020	金融行业网络安全等级保护实施指引　第 6 部分：审计指引	行标
35	JR/T 0072—2020	金融行业网络安全等级保护测评指南	行标
36	JR/T 0196—2020	多方安全计算金融应用技术规范	行标
37	JR/T 0203—2020	分布式数据库技术金融应用规范　技术架构	行标
38	JR/T 0204—2020	分布式数据库技术金融应用规范　安全技术要求	行标
39	JR/T 0205—2020	分布式数据库技术金融应用规范　灾难恢复要求	行标
40	JR/T 0202—2020	基于大数据的支付风险智能防控技术规范	行标
41	JR/T 0186—2020	现金类自助终端视频集中监控技术规范	行标
42	JR/T 0187—2020	银行非现金自助服务终端设备技术规范	行标
43	JR/T 0188—2020	银行业电话外拨服务规范	行标
44	JR/T 0022—2020	证券交易数据交换协议	行标
45	JR/T 0190—2020	资本市场场外产品信息数据接口	行标

二、在建金融标准一览表（截至2020年12月31日）

序号	在建标准名称	标准属性	进展阶段
1	保险业车型识别编码规则	国标	报批稿
2	人身保险伤残评定及代码	国标	报批稿
3	保险机构投诉处理规范	国标	征求意见稿
4	金融服务　金融业通用报文方案　第1部分：元模型	国标	报批稿
5	金融服务　金融业通用报文方案　第2部分：UML概况	国标	报批稿
6	金融服务　金融业通用报文方案　第3部分：建模导则	国标	报批稿
7	金融服务　金融业通用报文方案　第4部分：XML Schema生成	国标	报批稿
8	金融服务　金融业通用报文方案　第5部分：反向工程	国标	报批稿
9	金融服务　金融业通用报文方案　第6部分：报文传输特性	国标	报批稿
10	金融服务　金融业通用报文方案　第7部分：注册	国标	报批稿
11	金融服务　金融业通用报文方案　第8部分：ASN.1生成	国标	报批稿
12	银行业应用系统　非功能需求　第1部分：术语与模型	国标	报批稿
13	银行业应用系统　非功能需求　第2部分：功能适合性	国标	报批稿
14	银行业应用系统　非功能需求　第3部分：性能效率	国标	报批稿
15	银行业应用系统　非功能需求　第4部分：兼容性	国标	报批稿
16	银行业应用系统　非功能需求　第5部分：易用性	国标	报批稿
17	银行业应用系统　非功能需求　第6部分：可靠性	国标	报批稿
18	银行业应用系统　非功能需求　第7部分：安全性	国标	报批稿
19	银行业应用系统　非功能需求　第8部分：可维护性	国标	报批稿
20	银行业应用系统　非功能需求　第9部分：可移植性	国标	报批稿
21	银行业应用系统　代码与编码处置指南	国标	报批稿
22	人民币现金机具鉴别能力技术规范	国标	送审稿
23	证券期货业数据安全风险防控　数据分类分级指引	国标	草案稿
24	自助银行网点服务规范	国标	送审稿
25	非银行支付机构支付业务设施技术要求	国标	送审稿
26	金融信息化术语	国标	草案稿
27	金融数据跨境安全要求	国标	草案稿

续表

序号	在建标准名称	标准属性	进展阶段
28	个人金融信息保护指南	国标	草案稿
29	金融网络安全威胁信息共享指南	国标	草案稿
30	金融服务采用对称加密技术进行报文鉴别的要求	国标	送审稿
31	金融信息服务产品描述规范	国标	送审稿
32	银行营业网点　无障碍环境建设规范	国标	草案稿
33	非银行支付机构支付业务设施检测规范	国标	送审稿
34	金融信息系统网络安全风险评估规范	国标	草案稿
35	互联网金融　统计指标体系	国标	草案稿
36	互联网金融　消费金融业务活动　信息披露	国标	草案稿
37	金融机构风险管理　术语	国标	草案稿
38	金融机构风险管理　框架	国标	草案稿
39	基于文本数据的金融风险防控要求	国标	送审稿
40	用于金融服务的公钥基础设施　实施和策略框架	国标	送审稿
41	银行卡受理终端基本安全要求	国标	草案稿
42	互联网金融　个体网络借贷　资金存管规范	国标	草案稿
43	互联网金融　个体网络借贷　信息披露	国标	草案稿
44	信息处理　磁墨字符识别　第 1 部分：E13B 的印制规范	国标	送审稿
45	银行业　银行电报文　银行标识代码	国标	征求意见稿
46	表示货币的代码	国标	征求意见稿
47	金融服务　全球法人识别编码	国标	草案稿
48	金融服务　安全加密设备（零售）第 2 部分：金融交易中设备安全符合性检测清单	国标	征求意见稿
49	金融服务　安全加密设备（零售）第 1 部分：概念、要求和评估方法	国标	征求意见稿
50	银行及相关金融服务　基于 AES 的密钥封装	国标	草案稿
51	金融服务　个人识别码管理与安全　第 4 部分　核准 PIN 加密算法	国标	草案稿
52	金融服务个人识别码管理与安全第 1 部分：基于卡系统的 PIN 基本原则和要求	国标	草案稿
53	信息处理磁墨字符识别第 2 部分 CMC7 的印制规范	国标	征求意见稿
54	金融服务中基于 Web 服务的应用程序编程接口技术规范	国标	草案稿

续表

序号	在建标准名称	标准属性	进展阶段
55	金融服务　全球机构法律形式	国标	草案稿
56	绿色金融术语	国标	草案稿
57	金融服务　密钥管理（零售）第 2 部分：对称密码及其密钥管理和生命周期	国标	草案稿
58	债券价格指标产品描述规范	国标	草案稿
59	互联网金融身份识别技术要求	国标	草案稿
60	互联网金融智能风险防控技术要求	国标	草案稿
61	中国金融移动支付　应用基础　第 1 部分：术语	行标	报批稿
62	中国金融移动支付　应用基础　第 2 部分：机构代码	行标	报批稿
63	中国金融移动支付　应用基础　第 3 部分：支付应用标识符	行标	报批稿
64	中国金融移动支付　应用基础　第 4 部分：支付账户介质识别码	行标	报批稿
65	中国金融移动支付　安全单元　第 1 部分：通用技术要求	行标	报批稿
66	中国金融移动支付　安全单元　第 2 部分：多应用管理规范	行标	报批稿
67	中国金融移动支付　非接触式接口规范	行标	报批稿
68	中国金融移动支付　受理终端技术要求	行标	报批稿
69	中国金融移动支付　应用安全规范	行标	报批稿
70	中国金融移动支付　可信服务管理技术规范	行标	报批稿
71	中国金融移动支付　检测规范　第 1 部分：移动终端非接触式接口	行标	报批稿
72	中国金融移动支付　检测规范　第 2 部分：安全芯片	行标	报批稿
73	中国金融移动支付　检测规范　第 3 部分：客户端软件	行标	报批稿
74	中国金融移动支付　检测规范　第 4 部分：安全单元（SE）应用管理终端	行标	报批稿
75	中国金融移动支付　检测规范　第 5 部分：安全单元（SE）	行标	报批稿
76	中国金融移动支付　检测规范　第 6 部分：业务系统	行标	报批稿
77	中国金融移动支付　检测规范　第 7 部分：可信服务管理系统	行标	报批稿
78	中国金融移动支付　检测规范　第 9 部分：嵌入式应用软件	行标	报批稿
79	人民币支付清算信息交换规范	行标	报批稿
80	银行间市场债券产品信息披露操作流程及格式审核规范	行标	草稿
81	信贷资产证券化标准合同文本	行标	报批稿
82	债券市场非金融企业压力测试工作规范	行标	报批稿

续表

序号	在建标准名称	标准属性	进展阶段
83	聚合支付安全技术规范	行标	报批稿
84	非金融企业债务融资工具公开发行注册业务规范	行标	报批稿
85	非金融企业债务融资工具公开发行注册信息披露规范	行标	报批稿
86	非金融企业债务融资工具定向发行注册业务规范	行标	报批稿
87	非金融企业债务融资工具定向发行注册信息披露规范	行标	报批稿
88	企业资产证券化注册发行业务规范	行标	报批稿
89	企业资产证券化信息披露规范	行标	报批稿
90	非金融企业债务融资工具簿记建档业务规范	行标	报批稿
91	境外非金融企业债务融资工具业务规范	行标	报批稿
92	银行间市场外汇交易报告数据	行标	报批稿
93	支付受理终端注册数据规范	行标	报批稿
94	银行业软件测试环境管理规范	行标	报批稿
95	债券价格指标产品数据采集规范	行标	报批稿
96	债券价格指标产品描述规范	行标	报批稿
97	信贷市场和银行间债券市场信用评级规范	行标	草稿
98	支付信息统计分析报文规范	行标	报批稿
99	人民币跨境支付清算信息交换规范	行标	报批稿
100	银行间市场交易后数据规范	行标	送审稿
101	集团客户识别与认定规范	行标	报批稿
102	移动证书应用技术规范	行标	送审稿
103	金融行业信息系统技术风险管理指南	行标	草稿
104	金融领域电子单证应用技术规范	行标	送审稿
105	互联网金融　个体网络借贷　电子合同技术规范	行标	草稿
106	互联网金融　信息披露　个体网络借贷	行标	草稿
107	互联网金融个体网络借贷　借贷　合同要素	行标	草稿
108	银行互联网渗透测试指南	行标	报批稿
109	银行业第三方软件开发工具包（SDK）安全接入指南	行标	报批稿
110	支付敏感信息的格式保留加密方法	行标	草稿
111	电子银行卡技术要求	行标	草稿

续表

序号	在建标准名称	标准属性	进展阶段
112	金融从业规范　风险管理	行标	报批稿
113	金融从业规范　外汇交易	行标	报批稿
114	金融信息系统加密服务的技术能力评价模型	行标	报批稿
115	机器学习金融应用技术指引	行标	报批稿
116	金融分布式账本技术应用　技术参考架构	行标	送审稿
117	人脸识别线下支付安全应用技术规范	行标	报批稿
118	条码支付安全技术规范	行标	报批稿
119	条码支付受理终端技术规范	行标	报批稿
120	金融信息系统多活技术规范　术语	行标	报批稿
121	金融信息系统多活技术规范　参考架构	行标	报批稿
122	金融信息系统多活技术规范　应用策略	行标	报批稿
123	票交所市场　商业汇票基础数据元	行标	报批稿
124	基于分散密钥的数字证书认证技术规范	行标	报批稿
125	条码支付互联互通技术规范	行标	送审稿
126	支付系统行号编码及相关属性规范	行标	草稿
127	金融行业商用密码应用安全性评估测评要求	行标	送审稿
128	金融行业商用密码应用安全性评估过程指南	行标	送审稿
129	金融行业商用密码应用基本要求	行标	送审稿
130	便民缴费金融应用技术规范	行标	报批稿
131	金融 IT 基础设施　术语	行标	草稿
132	金融 IT 基础设施数据元	行标	报批稿
133	金融 IT 基础设施　模块化机房技术规范	行标	送审稿
134	金融 IT 基础设施　数据中心动力系统规范	行标	草稿
135	金融 IT 基础设施　数据中心节能环保关键技术要求	行标	草稿
136	金融 IT 基础设施　服务器应用需求规划与技术要求	行标	草稿
137	金融 IT 基础设施　数据中心节能环保测评要求	行标	草稿
138	金融 IT 基础设施　数据中心租赁指南	行标	草稿
139	金融 IT 基础设施　电子信息系统机房基础设施运行维护规范	行标	报批稿
140	金融 IT 基础设施　存储应用实施指南	行标	草稿

续表

序号	在建标准名称	标准属性	进展阶段
141	金融 IT 基础设施　固态存储阵列设备及部件技术要求	行标	草稿
142	金融 IT 基础设施　固态存储阵列设备及部件测试规范	行标	草稿
143	金融从业规范　财富管理	行标	送审稿
144	银行业组件化应用系统测试规范	行标	草稿
145	金融网络安全　网络安全众测实施指南	行标	报批稿
146	金融数据安全　数据生命周期安全规范	行标	送审稿
147	金融机构 ICT 供应链安全风险管理指南	行标	草稿
148	金融信息系统 Web 应用服务安全测试通用规范	行标	报批稿
149	银行业业务模型建模指南（5 部分）	行标	报批稿
150	金融大数据平台总体技术要求	行标	送审稿
151	金融大数据　术语	行标	送审稿
152	商业银行理财业务和理财产品信息披露规范	行标	草稿
153	银行业理财信息登记数据元	行标	草稿
154	个人借款人风险管理规范	行标	草稿
155	银行间市场软件构件规范	行标	送审稿
156	银行间市场软件构件评估规范	行标	送审稿
157	交易后处理业务规范	行标	送审稿
158	交易后处理技术规范	行标	送审稿
159	云计算金融行业应用检测规范　容灾	行标	报批稿
160	云计算技术金融应用检测规范　安全技术要求	行标	报批稿
161	云计算技术金融应用检测规范　技术架构	行标	报批稿
162	分布式账本贸易金融规范	行标	草稿
163	债券发行招标与中标处理规范	行标	送审稿
164	金融机构环境信息披露指南	行标	送审稿
165	环境权益融资工具	行标	报批稿
166	绿色债券信用评级规范	行标	报批稿
167	资产管理产品介绍要素　第 1 部分：银行理财产品	行标	报批稿
168	资产管理产品介绍要素　第 3 部分：信托产品	行标	报批稿
169	金融消费者投诉统计分类及编码　非银行支付机构	行标	草稿

续表

序号	在建标准名称	标准属性	进展阶段
170	企业基本存款账户服务指南	行标	草稿
171	金融科技术语	行标	报批稿
172	人工智能算法金融应用算法评价规范	行标	报批稿
173	中国金融移动支付　支付标记化技术规范	行标	送审稿
174	数字函证银行应用数据规范	行标	征求意见稿
175	供应链金融业务技术指南	行标	草稿
176	金融机构企业标准体系建设指南	行标	送审稿
177	不宜流通人民币　纸币	行标	草稿
178	普惠金融数字化线上化业务模式规范	行标	草稿
179	金融业数据能力建设指引	行标	送审稿
180	中国金融集成电路（IC）卡检测规范	行标	草稿
181	银行与合作方业务数据一致性处理规范	行标	草稿
182	银行业会计凭证基本信息描述规范	行标	草稿
183	远程音视频手机银行技术规范	行标	草稿
184	计算机视觉金融应用技术指南	行标	草稿
185	普惠金融手机银行服务技术规范	行标	草稿
186	电力数据金融应用指南	行标	草稿
187	数字函证金融应用安全规范	行标	送审稿
188	金融市场交易报告数据要素指南　第 1 部分：唯一产品标识	行标	草稿
189	金融市场交易报告数据要素指南　第 2 部分：唯一交易标识	行标	草稿
190	金融市场交易报告数据要素指南　第 3 部分：其他关键数据要素	行标	草稿

附录C　ISO/TC 68及ISO/TC 222已发布标准一览表

截至2020年12月31日，ISO/TC 68现行有效标准59项，具体一览表如下：

序号	ISO编号	所属分委会	标准名称
1	ISO/TR 14742:2010	TC 68/SC 2	金融服务　密码算法及其使用建议
2	ISO 16609:2012	TC 68/SC 2	金融服务　采用对称加密技术进行报文鉴别的要求
3	ISO/TR 19038:2005	TC 68/SC 2	银行业务和相关金融服务TDEA运算模式实施指南
4	ISO 11568-1:2005	TC 68/SC 2	银行业务　密钥管理（零售）第1部分：原则
5	ISO 11568-2:2012	TC 68/SC 2	金融服务　密钥管理（零售）第2部分：对称密码及其密钥管理和生命周期
6	ISO 11568-4:2007	TC 68/SC 2	银行业务　密钥管理（零售）第4部分：非对称密码系统及其密钥管理和生命周期
7	ISO 19092:2008	TC 68/SC 2	金融服务　生物特征识别　安全框架
8	ISO 21188:2018	TC 68/SC 2	用于金融服务的公钥基础设施实施和策略框架
9	ISO 9564-1:2017	TC 68/SC 2	金融服务　个人识别码的管理与安全　第1部分：卡基系统中联机PIN处理的基本原则和要求
10	ISO 20038:2017	TC 68/SC 2	银行及相关金融服务　密钥包
11	ISO 9564-2:2014	TC 68/SC 2	金融服务　个人识别码的管理与安全　第2部分：核准的PIN加密算法
12	ISO 9564-4:2016	TC 68/SC 2	金融服务　个人识别码的管理与安全　第4部分：电子商务支付业务中的PIN处理指南
13	ISO 13492:2019	TC 68/SC 2	金融服务　密钥管理相关数据元　用于加密的ISO 8583-1数据元的应用和使用
14	ISO 13491-1:2016	TC 68/SC 2	金融服务　安全加密设备（零售）第1部分：概念、要求和评价（估）方法
15	ISO 13491-2:2017	TC 68/SC 2	金融服务　安全加密设备（零售）第2部分：金融交易中设备安全符合性检测清单
16	ISO/TR 21941:2017	TC 68/SC 2	金融服务　第三方支付服务供应商
17	ISO 4217:2015	TC 68/SC 8	表示货币的代码
18	ISO 6166:2013	TC 68/SC 8	证券及相关金融工具　国际证券识别编码体系（ISIN）

续表

序号	ISO 编号	所属分委会	标准名称
19	ISO 9019:1995	TC 68/SC 8	证券证书号码
20	ISO 9362:2014	TC 68/SC 8	银行业务　银行电讯报文　商业标识代码（BIC）
21	ISO 10383:2012	TC 68/SC 8	证券和相关金融工具　交易所和市场识别码（MIC）
22	ISO 10962:2019	TC 68/SC 8	证券及相关金融工具　金融工具分类（CFI 码）
23	ISO 13616-1:2020	TC 68/SC 8	金融服务国际银行账号（IBAN）第 1 部分：IBAN 的结构
24	ISO 13616-2:2020	TC 68/SC 8	金融服务国际银行账号（IBAN）第 2 部分：注册机构的角色和职责
25	ISO 17442-1:2020	TC 68/SC 8	金融服务　全球法人识别编码（LEI）第 1 部分：分配
26	ISO 17442-2:2020	TC 68/SC 8	金融服务　全球法人识别编码（LEI）第 2 部分：在数字证书的应用
27	ISO 18774:2015	TC 68/SC 8	证券和相关金融工具　金融工具短名（FISN）
28	ISO 20275:2017	TC 68/SC 8	金融服务　全球机构法律形式（ELF）
29	ISO 21586:2020	TC 68/SC 8	金融服务参考数据　银行产品服务描述规范
30	ISO/TR 21797:2019	TC 68/SC 8	金融服务参考数据　金融工具识别概况
31	ISO 23897:2020	TC 68/SC 8	金融服务　唯一交易识别码（UTI）
32	ISO 1004-1:2013	TC 68/SC 9	信息处理磁墨字符识别　第 1 部分：E13B 的印制规范
33	ISO 1004-2:2013	TC 68/SC 9	信息处理磁墨字符识别　第 2 部分：CMC7 的印制规范
34	ISO 8532:1995	TC 68/SC 9	证券证书号码传输格式
35	ISO 8583-1:2003	TC 68/SC 9	产生报文的金融交易卡交换报文规范　第 1 部分：报文、数据元素和代码值
36	ISO 8583-2:1998	TC 68/SC 9	产生报文的金融交易卡交换报文规范　第 2 部分：机构标识代码（IIC）的申请及注册规程
37	ISO 8583-3:2003	TC 68/SC 9	产生报文的金融交易卡交换报文规范　第 3 部分：报文、数据元和代码值的维护规程
38	ISO 9144:1991	TC 68/SC 9	证券光字符识别线位置和结构
39	ISO 11649:2009	TC 68/SC 9	金融服务　银行核心业务　汇款信息中收款方参考号
40	ISO 12812-1:2017	TC 68/SC 9	移动金融服务　第 1 部分：基本框架
41	ISO/TS 12812-2:2017	TC 68/SC 9	移动金融服务　第 2 部分：移动金融服务的安全和数据保护
42	ISO/TS 12812-3:2017	TC 68/SC 9	移动金融服务　第 3 部分：金融应用生命周期管理

续表

序号	ISO 编号	所属分委会	标准名称
43	ISO/TS 12812-4:2017	TC 68/SC 9	移动金融服务　第 4 部分：移动的个人对个人支付
44	ISO/TS 12812-5:2017	TC 68/SC 9	移动金融服务　第 5 部分：移动的个人对企业支付
45	ISO 15022-1:1999	TC 68/SC 9	证券报文方案（数据域字典）第 1 部分：数据域和报文设计规则指南
46	ISO 15022-1:1999/Cor1：1999	TC 68/SC 9	证券报文方案（数据域字典）第 1 部分：数据域和报文设计规则指南
47	ISO 15022-2:1999	TC 68/SC 9	证券报文方案（数据域字典）第 2 部分：数据域字典和报文目录的维护
48	ISO 15022-2:1999/Cor1：1999	TC 68/SC 9	证券报文方案（数据域字典）第 2 部分：数据域字典和报文目录的维护
49	ISO 18245:2003	TC 68/SC 9	金融零售业务商户类别代码
50	ISO 20022-1:2013	TC 68/SC 9	金融服务　金融业通用报文方案　第 1 部分：元模型
51	ISO 20022-2:2013	TC 68/SC 9	金融服务　金融业通用报文方案　第 2 部分：UML 概况
52	ISO 20022-3:2013	TC 68/SC 9	金融服务　金融业通用报文方案　第 3 部分：建模
53	ISO 20022-4:2013	TC 68/SC 9	金融服务　金融业通用报文方案　第 4 部分：XML Schema 生成
54	ISO 20022-5:2013	TC 68/SC 9	金融服务　金融业通用报文方案　第 5 部分：反向工程
55	ISO 20022-6:2013	TC 68/SC 9	金融服务　金融业通用报文方案　第 6 部分：报文传输特性
56	ISO 20022-7:2013	TC 68/SC 9	金融服务　金融业通用报文方案　第 7 部分：注册
57	ISO 20022-8:2013	TC 68/SC 9	金融服务　金融业通用报文方案　第 8 部分：ASN. 1 生成
58	ISO 22307:2008	TC 68/SC 9	金融服务　隐私影响评估
59	ISO/TS 23029:2020	TC 68/SC 9	金融服务中基于 Web 服务的应用程序接口（WAPI）

截至 2020 年 12 月 31 日，ISO/TC 222 已发布标准共有 1 项，具体如下。

序号	ISO 编号	所属分委会	标准名称
1	ISO 22222:2005	TC 222	个人理财　理财规划师的要求